ME ESTALLA LA CABEZA

CÓMO DEJAR DE CEDER A LAS EXIGENCIAS DE LOS DEMÁS (¡Y A LAS MÍAS!)

ALEJANDRA STAMATEAS

WHITAKER HOUSE Español

¡Me estalla la cabeza!
Cómo dejar de ceder a las exigencias de los demás (¡y a las mías!)

Edición: Henry Tejada Portales

ISBN: 979-8-88769-252-4
eBook ISBN: 979-8-88769-253-1
Impreso en los Estados Unidos de América

Whitaker House
1030 Hunt Valley Circle
New Kensington, PA 15068
www.espanolwh.com

3 4 5 6 7 8 9 10 11 31 30 29 28 27 26

ÍNDICE

PALABRAS DE LA AUTORA

¿Será que las mujeres queremos ser más buenas que Dios?
¿Será que creemos que los demás quieren
que seamos superbuenas?

Cuando tenemos encima esa exigencia de ser las buenas de la película, de decir a todo que sí, de ceder antes las exigencias y deseos de los demás, de sentirnos las cuidadoras eternas y las mamás de todo el mundo... cuando eso lo cumplimos a rajatabla porque creemos que es nuestra tarea como mujeres, terminamos con el síndrome de "la cabeza estallada".

Tal vez algunas mujeres lo ven como algo normal, ya que están convencidas que esa es su tarea; y así es como viven en la resignación, y ni siquiera se plantean un cambio.

Otras mujeres ni siquiera tienen tiempo para ellas mismas y tampoco se atreven a cambiar esta situación; sienten que todo está bajo control si ellas actúan siempre de la misma manera. Para ellas, cambiar algo implicaría pisar un terreno que no conocen, y eso les genera mucha angustia.

Otras no saben por dónde empezar el cambio, si bien saben que deben hacerlo porque eso las está enfermando y agotando.

Por último, nos encontramos con aquellas mujeres que si bien intentan cambiar, esto les resulta muy difícil.

Lo que pretendo en este libro es que seamos conscientes de que puede haber una transformación más simple al quitar ciertos mitos y creencias que traemos desde pequeñas. El camino es mucho más sencillo de lo que estás pensando; ¡los pequeños cambios nos traerán los grandes cambios!

Cada capítulo de este libro nos llevará a una nueva dimensión, y una vez allí descubriremos una semilla de cambios.

1

NO LOGRO ENTENDER A LOS HOMBRES

¿Sentiste alguna vez que el hombre que tenías al lado, más que un hombre se asemejaba a un bebé a quien tenías que cuidar, mimar, alentar, darle de comer, prepararle la ropa…?
¿Te encontraste alguna vez sin reconocer a tu pareja, al ver que es un hombre que se preocupa demasiado por sí mismo y no se da cuenta de que tiene una familia con la que vive?
¿Cuántas preguntas te hiciste sobre la persona que elegiste para compartir tu vida?

Seguramente te has hecho bastantes preguntas y, por cierto, son muchas y diversas las clases de hombres con las que nos hemos encontrado en la vida o con las que nos encontraremos. Por eso sería muy bueno comenzar distinguiendo las características más visibles de estos hombres, ya sean nuestra pareja, nuestros jefes, familiares o amigos, para que cuando los conozcas sepas cómo cuidarte y qué estrategias usar con ellos.

El hombre-bebé: es el que nunca crece, el eterno niño o adolescente. Nació en un hogar inestable, donde había problemas (quizá su padre era alcohólico) que se debían ocultar, no se podía contar lo que pasaba en su casa y mostraba siempre un rostro alegre para aparentar que todo estaba bien.

El hombre-bebé busca la paz a cualquier precio, y la mujer que esté a su lado se transformará en una mamá. Ella le dirá: "¿Por qué no le dijiste tal cosa...?", "Y... ¿no te diste cuenta de cómo te miraba esa?, seguro que quería algo contigo". Y él responderá: "¡Qué sé yo! Tú te das cuenta de esas cosas...". Dirá, también: "Ocúpate de los chicos porque yo me siento incapaz". ¡Y claro...! Si todavía él tiene que criarse, ¡cómo va a cuidar de sus hijos! Hasta que no deje de ser bebé, no podrá ser padre; y pretenderá que su esposa lo trate como a un hijo más. Ella será la "mala de la película" y le advertirá y confrontará con lo que él no hace.

Hay algo importante que debemos saber. Cuando tuvimos en brazos al bebé de una amiga o de un familiar y el bebé se ensució, se lo dimos a su madre para que lo cambiara ("Toma... se hizo caca").

¡NO LE CAMBIES LOS PAÑALES A TU "HOMBRE-BEBÉ"! ¡QUE SE LIMPIE SOLO! ¡NO TE HAGAS CARGO DE SUS COSAS!

El hombre-perchero: es el que está obsesionado consigo mismo y vive preocupado por su imagen. Cree que todo lo que pasa se refiere a él, que es el único importante, y buscará lo que lo beneficia sin interesarse por nadie. Al hombre que está preocupado por su imagen no le interesa nada. Con tal de lograr su objetivo te pasará por encima y se creerá imprescindible: "No sé qué serías sin mí, yo te saqué de ese barrio de 'cuarta' y te di una mejor calidad de vida, ¿te quieres separar de mí? ¿Y adónde vas a ir? si eres una 'pobre mujer', no tienes nada".

EL HOMBRE-PERCHERO ES AMBICIOSO Y DEPENDE DE LA ADMIRACIÓN DE LOS DEMÁS. Y EL DÍA QUE DEJA DE SER ADMIRADO, SE ECHA TODO A PERDER, SIEMPRE ESPERA QUE LE DIGAN LO MARAVILLOSO QUE ES.

Tratará a los demás como sus sirvientes y se aprovechará de ellos, porque "él es el gran hombre". Sobrestima sus propios logros y no permite que otros lleguen a tenerlos. Es ese hombre que dice: "No quiero que estudies, ni que vayas a trabajar, ni tengas tus propios ingresos; no vayas a ningún lugar porque la gente te puede hacer mal". ¡Mentira! Es para dejarte en un estado de negación y que nunca lo superes.

El hombre-dispensador: aprietas un botón y se calienta, aprietas otro y se enfría. No le gusta que le digan lo que tiene que hacer, y en caso de aceptar un consejo, lo hará con bronca, refunfuñando y quejándose (especialmente los jubilados), se olvidará de hacer las cosas o llegará siempre más tarde porque tiene miedo al fracaso.

Un ejemplo de este estereotipo es el empleado bancario que trabaja por años en el mismo banco, sentado en la misma silla, en el mismo escritorio, no hace nada más porque su trabajo no se lo exige, tiene miedo a equivocarse y su familia se queda estancada. La esposa le dice: "Si no fuera por mí, no hubiéramos conseguido la casa"; "Si yo no hubiera ahorrado, nunca nos habríamos ido de vacaciones...". Y él, como no quiere fracasar, prefiere quedarse con lo conocido sin arriesgar.

El hombre-dispensador es arrebatado e impulsivo, todo lo hará sin entusiasmo, y los que viven a su alrededor estarán siempre esperando su reacción. El progreso familiar se detiene por su carácter.

El hombre-maniquí: es el hombre perfecto que te gustaría tener en la cama, que te enamora cuando lo miras, un hombre completo: atlético, musculoso, amante de Dios, bueno, comprensivo, que te proporciona mucho dinero, te lleva de viaje, paga tus cirugías y es fiel por naturaleza.

Quiero darte una noticia: ese hombre no existe, está solo en las vidrieras. Tiene las características que soñamos y suple todas nuestras expectativas.

SI NO ENTENDEMOS A LOS HOMBRES ES PORQUE PONEMOS TODAS NUESTRAS EXPECTATIVAS EN ELLOS.

Todo lo que necesitamos lo proyectamos en ellos: "Este hombre me va a cuidar, me dará lo que necesito, me hará feliz, me mantendrá, me dará seguridad, me amará por siempre".

La sociedad espera que tanto hombres como mujeres actuemos de determinada manera. Y las mujeres decimos: "Si él no tiene expectativas, yo haré que las tenga", pretendiendo que cambie por nuestro esfuerzo.

La palabra "expectativa" deriva de la raíz "esperar". Por ejemplo, si te ofrecen un *dispensador* de agua, te explicarán que de un botón sale agua fría y de otro caliente, y si eso no ocurre, no cubrirá las expectativas. Asimismo, llegamos al matrimonio con "ciertas expectativas", y si el hombre no las cumple, aquello derivará en crisis y diremos: "No lo entiendo".

HAY EXPECTATIVAS QUE SON RAZONABLES, PERO HAY OTRAS QUE SON IRREALES. DEBEMOS RECONOCER SI LA EXPECTATIVA QUE PUSIMOS EN NUESTRA PAREJA ES IRREAL.

Algunos ejemplos de expectativas irreales y reales son las siguientes:

"Mi marido no mirará a ninguna mujer".

Esta no es una expectativa real porque de todos modos va a mirar, y quizá lo haga cuando no estés cerca.

"Quiero que me sea fiel".

Esta es una expectativa real, correcta.

"Quiero que tengas el mismo cuerpo de los quince años, cuando te conocí".

Es una expectativa irreal que tu marido puso en ti. Respóndele: "Después de haber tenido tres hijos, ¿cómo voy a tener ese cuerpo? Tampoco tengo quince, ya tengo cuarenta o cincuenta y tantos".

"Quiero que él me cuente todo".

Es irreal e imposible porque su lenguaje está acortado. Los hombres solo hablan de soluciones; en cambio, las mujeres filosofamos sobre todo.

Los hombres tienen miedo a la ira de las mujeres, a su reacción, y por eso se callan o mienten. Muchas veces queremos que nos cuenten sus cosas, pero si no nos gusta lo que nos dicen, explotamos y nos dirán: "No te cuento más nada", y antes de hacerlo lo pensarán veinte veces.

"Quiero que sea sensible y seguro a la vez".

No sabemos lo que queremos. Si nos cuenta sus emociones, temores, alegrías, miedos, ¡salimos corriendo! Culturalmente el hombre era "el protector" y la mujer, "la tonta que está a su lado". Lo que menos queremos es estar al lado de un hombre miedoso o inseguro.

**NO SOMOS EL "ANEXO" DE NADIE.
SOMOS ÚNICAS, ESPECIALES Y TENEMOS LAS CONDICIONES PARA SALIR ADELANTE.**

A veces ponemos expectativas tan altas que nadie las puede cubrir, por eso, muchas mujeres quieren tener una pareja y, a su vez, no quieren. Buscan un hombre ideal para que nunca aparezca ("este tiene los zapatos sucios", "ese tiene las medias rotas", "a este le faltan los dientes"). No podemos entender a los hombres porque no sabemos qué queremos.

Si no encuentras a tu príncipe es porque tampoco eres una princesa. Todos fallamos, tenemos lados oscuros y estamos creciendo. No tengas expectativas irreales, no tendrás a Brad Pitt en tu cama porque es "de película". Tu pareja tiene cosas buenas, otras con las que está luchando y también algunas malas.

Como mujeres debemos hacernos dos preguntas:

¿Adónde voy?

¿Con quién voy?

No te olvides de que primero es necesario poder responder adónde vamos. Las mujeres que se preguntan "¿Con quién voy?" tendrán dificultades porque no saben adónde ir. Si el foco está primero hacia dónde vas, todo el que te acompañe te hará feliz y tendrá éxito, será transformado e irá adonde Dios le diga.

2

NO PUEDO DECIR "NO"

¿En algún momento le dijiste que sí a tus hijos solo para no discutir con ellos? ¿Alguna vez compraste algo que no necesitabas para que el vendedor no se sintiera mal? ¿O pagaste algo de más porque no querías hacer un escándalo? ¿Tuviste ganas de pedirle al médico que te explicara un poco más y no lo hiciste porque te daba pudor? ¿Te detuviste a pensar que si nuestro cuerpo no tuviera piel no tendríamos protección frente al clima, a las infecciones y a los golpes?

La piel nos protege. Así como necesitamos una piel que recubra nuestro cuerpo, también necesitamos una piel emocional. A diferencia de la piel del cuerpo, no nacemos con ella; tenemos que construirla, y eso se logra a través de los límites.

Hay mujeres que nunca han trabajado en la formación de esa piel emocional y por eso tienen carácter débil. Cualquiera entra y sale de su vida, y esas personas que entraron sin tener límites hicieron lo que quisieron.

¿Cuántos de los que entraron en tu vida la destrozaron en algún área: física, económica, mental o emocional? Eso sucedió porque no te atreviste a construir una piel que te pusiera un límite y no permitiera que cualquier persona entrara o saliera de tu vida a su antojo.

**LOS LÍMITES QUE NOS PONEMOS LES INDICAN A LOS OTROS CUÁLES SON NUESTROS DERECHOS Y NUESTROS PRINCIPIOS.
DEBEMOS APRENDER A MOSTRARLES A LOS DEMÁS QUE TENEMOS DERECHOS Y QUE TAMBIÉN NOS MOVEMOS POR PRINCIPIOS.**

Tienes que recordar que al decirle "no" a alguien te estás moviendo por un principio, de lo contrario nunca se lo vas a poder decir. Por ejemplo, si te preguntara cuál es tu máximo principio en la vida, tal vez no me sabrías responder. O si te preguntara cuál es tu principal derecho tampoco sabrías hacerlo, porque las mujeres no nos movemos por principios o derechos, sino por emociones. Hay personas que no pueden poner límites, o los que ponen son límites falsos. ¿Acaso no conoces a esas mujeres denominadas "alfombra" que adoptan una actitud pasiva frente a la vida? ¿O a esas otras que son "perros que ladran, pero no muerden" y creen que ponen límites porque son agresivas, hostiles y le gritan a todo el mundo? pero, a la hora de la verdad, no hacen mal a nadie. Imponen y exigen pero siempre terminan cediendo. Amenazan, pero nunca cumplen.

Es como si con una mano dibujaran un límite y con la otra lo borraran.

Esas personalidades han sido sistemáticamente vulneradas o ignoradas: son mujeres a las que nunca se les estimuló ser independientes, siempre fueron motivadas a depender de alguien. Son las chicas que están en la casa de los padres y cuando se casan están subordinadas a un hombre, y cuando quedan viudas o se separan, vuelven a estar inmediatamente con otro hombre porque no pueden tener independencia.

Por último, están las mujeres rocas: son las frías, las distantes, las que se ponen una coraza para que nadie vuelva a lastimarlas y creen que este es un límite correcto. Pero, en realidad, esto les impide tener relaciones interpersonales ya que nadie entra: ni los que no quieren, ni los que quieren. Ese no es un buen límite.

LO QUE ESTÁ EN TU CORAZÓN...

Te preguntarás, entonces, cómo construir una piel que nos proteja. Empecemos a manejarnos con discernimiento. Una mujer que en la época en que vivimos no tiene discernimiento nunca tendrá victoria en sus relaciones interpersonales.

El discernimiento es la capacidad de conocer qué nos conviene y qué no, qué es bueno y qué no lo es, qué personas se acercan a tu vida y con qué intenciones.

Hoy hay gente manipuladora por todos lados, incluso los niños ya dominan el arte de la manipulación a través de gritos o caprichos.

ANÍMATE... ¡TOMA DECISIONES CON DISCERNIMIENTO PARA QUE NO TE PASEN POR ENCIMA! DEBES SOLTAR EL DISCERNIMIENTO QUE TIENES ADENTRO Y SACAR AFUERA LO QUE HAY EN TU CORAZÓN, PORQUE MUCHAS VECES TE MANIPULAN PORQUE TÚ TAMBIÉN LO HACES.

Además, adentro nuestro contamos con lo que se llaman resistencias secretas. Por ejemplo, cuando decimos: "No sé por qué me dejé llevar", o "No sé por qué acepté esa propuesta". Y para que puedas saber cuáles son las resistencias que hay adentro tuyo, debes tener discernimiento. Hay gente que le pregunta a media humanidad cómo actuar, pero cuando uno se pregunta en su interior, siempre tiene la respuesta.

Debes saber cuál es la resistencia que hay adentro de tu vida y aceptar que hasta que no la saques, la gente te va a manipular. Tiene que haber un momento en donde te sientes contigo misma y te hagas ciertas preguntas que hace tiempo deberías haberte hecho. Deja de tomar café con la vecina, tómate un café contigo misma, pero no para creerte la persona más inteligente. Escribe las preguntas que debes hacerte, escribe las respuestas que te da el Espíritu. Pregúntate: "¿Por qué siempre caigo en lo mismo?", "¿por qué siempre tropiezo en el mismo error?", "¿por qué siempre el mismo fracaso económico?". Llegará el momento en que tengas que hablar seriamente contigo misma.

La persona que tiene discernimiento conoce lo que el otro pretende hacer y lo que nosotras mismas pretendemos. Cuando tienes discernimiento nadie te presiona, nadie te mete culpa. El discernimiento te hace elegir y desechar lo que no sirve.

Hay cosas que le cuentas a la gente, y esas personas no están preparadas para recibirlas, no están preparada para escucharlas. Tienes que saber a quién contarle tus cosas, quiénes recibirán correctamente lo que le estás diciendo y no te van a malinterpretar o van a usar lo que les contaste en tu contra.

Nadie puede coartar tu libertad, y para saber qué significa debes tener discernimiento, porque sino llamarás "libertad" a lo que no es.

¡Ábrete paso! Hay gente que te quiere atrapar con palabras. Hay gente que te quiere manipular y engañar. ¡Ábrete paso! Para que cuando lo hagan, ya no estés ahí.

El discernimiento nos dará la capacidad de recuperar todo lo que hemos perdido por tener carácter débil.

¿Sabes cuántas cosas hemos perdido por tener carácter débil?, ¿cuántas cosas se nos fueron de las manos?, ¿cuántas oportunidades se nos esfumaron?

Pero hay un momento donde tienes que decirte:

"¡YA ES SUFICIENTE!".

Poner límites a los que nos dañan no es una opción: es necesario para vivir. Ya es tiempo de hacer lo que hay que hacer.

Recuerda siempre, querida mujer, que si tomas rutas sin discernimiento, luego te costará mucho volver a la ruta correcta. ¡Estás a tiempo!

3

ME DA VERGÜENZA MI CUERPO

"Qué fea que estoy", "estoy gorda", "estoy horrible". ¿Quién de nosotras no pensó alguna vez eso de sí misma? ¿Cuántas veces sentiste vergüenza de tu cuerpo? ¿Crees que tu cuerpo es poco atractivo? ¿Te paraste frente al espejo y empezaste a criticarte por lo fea o gorda que piensas que estás? ¿Quién no tuvo alguna vez un ataque de "feítis" y "gorditis"?

Hay días en donde nos vemos más gordas y más feas, épocas en las cuales nos odiamos y sentimos que todo nuestro cuerpo va a explotar. Momentos en que no tenemos ganas de levantarnos y asumir las actividades diarias porque sentimos que nuestro cuerpo no sirve para ello.

Nos enfrentamos a ataques que nos sorprenden de improvisto. Un día estamos bien y al otro sentimos que somos las mujeres más feas del planeta. Y ese día todo nos queda mal, espantoso, y no queremos ni salir a la calle.

Por eso, cuando sientas que un ataque de este estilo se aproxima a tu vida, piensa qué te pasó unas horas antes de sentirte fea o gorda. Seguramente algún hecho o incidente repercutió en tu vida emocional y eso es lo que hoy te hace sentir de esa manera. En esos momentos, sientes que tu cuerpo no está apto para enfrentarse a la realidad diaria y te embargan diferentes tipos de emociones.

Vergüenza: cuando este sentimiento invade tu cuerpo, lo primero que haces es taparlo. Sientes que tu cuerpo no está listo para estar al descubierto.

Todas las mujeres tienen una parte del cuerpo que no les gusta, tal vez sea la panza, las pompas, las piernas, la grasa de más, la celulitis... Y es allí donde proyectamos toda nuestra baja autoestima y decimos: "Si yo tuviera buenas piernas todo sería diferente"; o "Si tuviera más busto o menos busto todo sería distinto".

Culpa: muchas mujeres que fueron abusadas durante su infancia sienten que sus cuerpos son malos, que están sucios, y debido a eso lo descuidan.

Por años, a muchas mujeres se les ha inculcado el preconcepto que solo el interior es lo importante y no el exterior. Y así es como vemos mujeres descuidadas, que se visten con lo peor que tienen para salir a la calle. En la actualidad sabemos que este pensamiento no es el correcto. Tengas los kilos que tengas, sean muchos o pocos, necesitas vestirte espectacular, resaltar el brillo y la luz que todas las mujeres tenemos, y dejar de ocultarlo.

Necesitamos arreglarnos para salir a la calle o para estar en casa, solas. No importa, destaca todo aquello que te gusta de ti.

Existía una secta, la de los gnósticos, que definía al cuerpo como la prisión del espíritu. Por lo tanto, no importaba cómo vivía la persona y cómo cuidaba su cuerpo.

Todos aquellos que sientan culpa por algún hecho traumático o emocional, cuando hablen van a focalizarse en el interior del cuerpo y no en su exterior, pensando que todo lo que no sea el alma y el espíritu es malo. Pero hoy tenemos el discernimiento para poder entender que un pensamiento de esta clase nace del dolor, de la culpa y de la persecución corporal.

Seducción: a muchas mujeres les han enseñado que el cuerpo fue solamente creado para seducir y que es un instrumento o un vehículo para conquistar poder y dominio. Son mujeres a las que se les ha inculcado que lograrán lo que están esperando cuando muestren algún escote o sus piernas, y eligen la ropa de acuerdo a esos momentos. Por eso es que hay más mujeres desnudas que vestidas. Muchas de ellas muestran su cuerpo en público, se compran ropa para mostrar a otros y, en privado, se cubren. En cambio, los hombres ocultan su cuerpo en público, pero se desnudan en privado.

DURANTE AÑOS, LOS CONCEPTOS DE VERGÜENZA Y CULPA HAN HECHO VIVIR A LAS MUJERES PRESAS DE COMPLEJOS QUE ANULABAN SUS DESEOS Y SU CAPACIDAD DE SOÑAR.

¿O no es cierto que si sientes que eres hermosa y tu cuerpo cumple con todas las formas que se le exige, te crees capaz de conseguir todo lo que te propones?

Pero todo tiene solución, aun aquellos pensamientos y sentimientos que creemos que nos acompañarán para siempre. Tienes que saber que puedes vivir sin ellos. Es tiempo de que "hagas las paces" con tu cuerpo: que lo aceptes, lo cuides y puedas comenzar a pensar en términos de elección y preferencias.

Cada cambio que comiences en tu cuerpo, no lo hagas pensando en los demás. Hazlo pensando en tu vida y en aquellos beneficios y metas que alcanzarás con una mejor salud. Toma contacto con él. Acarícialo. Felicítate por cada logro y valora cada esfuerzo que hayas hecho. Tu primer cambio es desafiar a tu mente de los métodos y conceptos erróneos con los cuales estuvo equipada hasta ahora. Deshazte de todo lo que no sirve. Adquiere nuevos hábitos y nuevas conductas positivas. Habla bien de ti y de tu cuerpo. ¡Lo vas a lograr!

He aquí que tú eres hermosa, amiga mía; he aquí que tú eres hermosa.
Cantares 4:1 (RVR-60)

4

MI FAMILIA ME AHOGA, YA NO PUEDO NI RESPIRAR

Siempre me pregunté cómo será sentirse asfixiada. ¿Sentiste esto alguna vez? Mi mamá me asfixia, mis hijos me asfixian, mi marido me asfixia, mi suegra me asfixia, toda mi familia... Y siento esa sensación de que llevo algo en mi cabeza, algo en mi rostro que hace que no pueda respirar ni hablar bien.

La sensación de asfixia quizá se deba a que tu familia te empuja en muchas direcciones: unos te piden una cosa y otros te piden otra. A veces creen que lo hacen por tu bien, a veces viven cuidándote: "No salgas", "No vayas", "No hagas", "No te canses", "Ten cuidado", "Yo te diría que no intentes eso", lo que termina asfixiándote.

La asfixia viene de afuera, pero también viene de nuestro interior. Esas mujeres sienten como si tuvieran las manos en el cuello, y quieren estirarlo, mirar por la ventana y ver hacia afuera porque saben que allí hay un mundo que quieren alcanzar y, hoy por hoy, no lo pueden hacer porque se sienten asfixiadas. Son mujeres generalmente "pasivo-complacientes". Son mujeres que si están desarrollando diferentes aspectos de su vida, su frase favorita es "Quiero más".

Tú sabes que hay algo más, y quieres "ese algo más". Sabes que todavía hay algo que no experimentaste, que todavía no viviste. No te conformes con menos.

Ahora, ¿cómo hacer para lograr más? Si estás encerrada en una caja de zapatos y sientes que no puedes hacer más, será casi imposible. Todo tiene que ver con tu "actitud", y la actitud no es hacer pucheros. No estamos en etapa de hacer pucheritos a nuestra familia.

DESARROLLA UN "ENOJO JUSTO" PARA ARREBATAR LO QUE TE PERTENECE. CAMINA POR LA VIDA PRODUCIENDO UNA FUERZA CONTRARIA A ESA CON LA QUE LA SOCIEDAD QUIERE METERTE EN UN MOLDE.

Si lo que haces no produce resistencia, entonces no vale la pena, no sirve. Tienes que usar la fe violenta, tienes que provocar algo en tu mundo, querida mujer, ya que para eso estás viva.

Hay mujeres que tienen vidas demasiado tranquilas. "Yo trabajo todo el día, tengo muchas preocupaciones", pero tu vida no tiene sobresaltos. Tienes muchas preocupaciones que no te sirven para resolver nada. ¿De qué te sirve preocuparte si no estás haciendo nada que provoque resistencia para lograr soluciones? Si ves a una mujer que ha logrado cumplir sus objetivos es porque ofreció resistencia, porque no se dejó vencer y dijo: "Me caí, pero me vuelvo a levantar. Me fue mal, pero lo vuelvo a hacer. Estos me dicen que no, pero voy a insistir hasta que me digan que sí. Ese 'sí' no lo tengo, pero lo voy a lograr porque le estoy ofreciendo resistencia a la vida".

LA CARACTERÍSTICA DE LAS PERSONAS TRIUNFADORAS ES QUE ESTUVIERON "MUY ABAJO" O "MUY ARRIBA", PERO NUNCA FUERON MEDIOCRES.

Querida mujer: no eres una mujer común, fuiste llamada para destinos superiores; y aunque alguien te quiera domesticar y meterte en el sistema, quiero recordarte que eres un águila y estás hecha para volar alto.

Si tus emociones diarias más fuertes son: "Tengo la plata para pagar los impuestos", "Me compré cuatro platos planos de melamina", "Me compré un par de medias porque se me habían roto las otras", tienes que empezar a vivir emociones fuertes, porque esa es la mejor señal de que le pones resistencia a la vida y que quieres lograr grandes cosas.

Si no le pones resistencia a la vida, te sentirás asfixiada, y hay una fuerza sin usar adentro tuyo que tiene que ser despertada. Debes sacar a la luz una fuerza que todas tenemos.

¿Sabes qué es la depresión? La ausencia de presión. Una mujer depresiva es aquella que no tiene presión en la vida, o sea, que no está emocionada con la vida. La vida no le provoca nada. Y la vida tiene que provocarte cosas: si quieres enojarte, enójate; si quieres tener bronca, tenla; si quieres alegrarte, hazlo; pero que la vida te provoque algo.

Cada mañana, cuando me levanto, digo: "A ver... qué locura pasará hoy. Algo precioso me ocurrirá...". ¡Y estoy expectante! Y si hoy no llegara a pasar, sé que pasará mañana. Y si mañana tampoco es el gran día, sé que vendrá. ¿Sabes por qué lo sé? Porque mientras espero le pongo resistencia a la vida, le pongo pasión, coraje, le pongo emoción y sigo adelante.

Ponle pasión a la vida, haz que cada uno de tus días tenga una música especial. La vida es una aventura extraordinaria.

LA VIDA ES UN REGALO, PERO HAY MUCHAS MUJERES QUE AÚN NO LO ABRIERON. LA CAJA ESTÁ CERRADA Y HAY COSAS QUE NO SE ATREVIERON A VER... SE LLEVARON EL REGALO, PERO AÚN NO SABEN LO QUE HAY DENTRO DE ESTE.

¿Y sabes por qué los demás te asfixian? Porque cada uno abrió su caja de regalos, sabe lo que quiere lograr en la vida y necesita a alguien para alcanzar ese sueño. Y tú... ¿qué estás haciendo? ¿Sabes cuántas cosas hay adentro de ese regalo que todavía no te has atrevido a descubrir?

"Es tiempo de descubrirte". Ha llegado la hora, querida mujer. Ya sabes que no solo tienes que mirar por la ventana, puedes salir al mundo y hacer que la vida valga la pena.

Quiero compartir contigo una historia que me gustó mucho sobre el gran pintor italiano Miguel Ángel Buonarroti:

> *"Miguel Ángel fue seleccionado para ingresar en la escuela de los Médicis. El joven artista estaba entusiasmado ante el hecho de estudiar con los grandes maestros y dedicaba cada día a dibujar laboriosamente. Todos los días, sus maestros se quedaban con sus dibujos sin hacer comentario alguno, ni críticas, ni alabanzas. Así siguieron las cosas hasta que transcurrió más de un año. En ese tiempo, los demás alumnos progresaban en otras técnicas: pastel, pintura, tapiz, y los más talentosos comenzaron a trabajar la piedra, que era la pasión de Miguel Ángel. Pero a él solo se le permitía dibujar y su maestro siguió recogiendo sus trabajos de manera descortés, sin hacer comentarios. Llegó un momento en que el joven no pudo soportarlo más. Una noche, y a pesar de que estaba prohibido, Miguel Ángel entró a hurtadillas en la cantera de los Médicis, amparado por la oscuridad, llevándose herramientas. Con gran excitación seleccionó una piedra de mármol de gran calidad y comenzó a esculpirla. En poco tiempo comenzaron a surgir curvas y la silueta de un magnífico caballo.*
>
> *Al día siguiente, mientras Miguel Ángel se dirigía a la clase, agotado, pero feliz, su maestro lo encaró:*

—Buonarroti —dijo con severidad—. ¿Es verdad que entró usted anoche en la cantera y profanó el mármol sin permiso?

—Sí —confesó el artista.

—Entonces preséntese de inmediato ante Médicis —ordenó el instructor.

Todos los estudiantes conocían las reglas; semejante violación implicaba la expulsión inevitable.

Médicis era uno de los hombres más temidos y poderosos de la época. Miguel Ángel no podía dejar de temblar mientras atravesaba el largo pasillo que lo conduciría hasta su despacho.

—Miguel Ángel, ¿es verdad que anoche entró a la cantera sin el permiso de la escuela y profanó la piedra? —preguntó aquella imponente figura detrás de su escritorio.

—Sí, lo hice —le respondió el artista.

Sin decir una palabra más, el maestro Médicis recogió una carpeta de cuero que contenía los dibujos que Miguel Ángel había hecho en la escuela, los colocó sobre su mesa y los observó con gran admiración.

A continuación, alzó la mirada al joven y le dijo:

— Siempre supimos que tenías talento, pero desconocíamos si eras valiente. Ya te puedes retirar, la cantera es tuya".

Miguel Ángel tenía talento, pero también tenía fuego, el valor y la pasión para seguir los dictados de su corazón.

Querida mujer: toma lo que te corresponde. Hay cosas que estás anhelando y no quiero que te mueras hasta que no las realices. A veces miramos tanto el envoltorio, y Dios te dice: "Está maravilloso el envoltorio, pero ¡no sabes todo lo que puse adentro!".

Cuando te sientas asfixiada, mírate por dentro: hay algo que todavía no sacaste a la luz. Este hombre vive asfixiándome la vida, ¿será que yo abrí el regalo de él, pero no el mío? Voy a sacar algo de la caja para que la vida se empiece a mover de una manera diferente.

Querida mujer: nadie te tiene que asfixiar, ¡hay tanto potencial adentro tuyo! Mira por la ventana y descubrirás que hay algo que todavía no has conquistado.

Si te sientes asfixiada es porque estás en un lugar equivocado, porque hay algo más grande que te está esperando.

5

ME SIENTO MUERTA EN VIDA

¿Sentiste alguna vez que no merecías el trato que te dan los demás?

¿Te manipularon con palabras que realmente te lastimaron? ¿Sentiste que no eras valorada?

Quizá sueñes con ser libre y poder decir lo que tienes ganas, y hacer lo que hasta hoy reprimiste y estaba guardado en un cajón.

Querida mujer: quiero decirte que naciste para ser libre, no para vivir entre rejas…

¿Qué entendemos por "opresión"? La opresión es cualquier tentativa de limitar y restringir la realización de tu objetivo, controlando tu mente y tu espíritu. Si vives así te sientes controlada, limitada, restringida, inhibida, y no puedes soltar tu potencial y lograr el objetivo que tienes en tu corazón. Eres una mujer que vive bajo opresión, es decir, maltratada.

LA LIBERTAD ES LO MÁS IMPORTANTE QUE TENEMOS EN LA VIDA, Y LO QUE HACE LA OPRESIÓN ES ASFIXIAR LOS SUEÑOS QUE ESTÁN ADENTRO TUYO, EL POTENCIAL HUMANO QUE HAY EN TI.

¿Y qué sucede cuando una mujer es asfixiada? Cuando las personas se asfixian, se mueren. Cuando no tienes objetivos ni sueños, estás muerta en vida. Sin embargo, querida mujer, para todo hay una solución y tú puedes cambiar la historia de tu vida. Tal vez te estás preguntando cómo hacerlo.

La única manera de salir de la opresión es renovando la mente. La mente es la llave de la vida. De acuerdo a lo que piensas cada mañana al levantarte, así actuarás en la vida.

LA LIBERTAD ES UN EJERCICIO MENTAL, Y POR ESO NECESITAS MANTENER TU MENTE ACTIVA Y ÁGIL.

¿Te preguntaste alguna vez por qué una mujer maltratada, cuando el hombre le pide perdón y le trae flores y bombones, vuelve a estar otra vez con él; y el hombre vuelve a maltratarla y a pedirle perdón y se da ese círculo vicioso constante? La respuesta es que estas mujeres giran en círculos, no son libres en sus mentes y no conocen la verdadera libertad, siempre son esclavas de alguien.

Por eso hay mujeres que me dicen: "Pude librarme de mi mamá, que me arruinó la vida y me angustió, y me vengo a casar con un hombre golpeador que me sigue arruinando la vida".

¿CÓMO SE SIENTE UNA MUJER MALTRATADA?

Tiene miedo: el miedo es la primera reacción de la mujer que está oprimida, sometida a una hija, a una tía, a un sobrino, al esposo, o a quien sea.

Detrás de cada situación que te produce miedo está escondida la opresión, porque no sabes qué te ocurrirá, estás a la deriva. Pero esto se vence con cambios de mentalidad.

SI CAMBIAS TU MANERA DE PENSAR, EL MIEDO YA NO TENDRÁ LUGAR EN TU MENTE.

Una mujer maltratada reprime la necesidad de dar y de recibir amor. Se reprime porque no da amor, pero tampoco lo recibe; se transforma en una máquina humana, en un robot.

Tiene baja autoestima: no cree que se merece lo mejor. No podrá aceptar nada bueno. ¡No vivas con espíritu de opresión! Eres una princesa. No guardes nada de lo que tienes, saca lo mejor de ti porque es para que lo disfrutes en vida.

LA MENTE OPRIMIDA NO TE PERMITE DISFRUTAR DE LA VIDA. ¡CAMBIA LA MENTE!

La mujer maltratada tiene problemas de autoestima porque el opresor le dio una valoración baja, la hizo sentir insignificante, pequeña, y la causante de todos sus males: "Los problemas que tengo son por tu culpa"; y como ella lo creyó no está haciendo valer su derecho de libertad. Todo el tiempo resuenan en su mente pensamientos de baja autoestima: "No sabes hacer nada", "No eres mujer", "No sabes tener sexo conmigo". Quitar el espíritu de baja autoestima lleva una generación; quiere decir que si no lo solucionas hoy, se lo heredarás a tus hijos, quienes necesitarán una generación para desarraigarlo.

Es egoísta: cuando la persona oprimida consigue algo que nunca tuvo, lo protege y construye una muralla a su alrededor para que nadie se lo quite.

¿Cómo puede ser que esa mujer que es tan maltratada siga con ese hombre? Porque hay algo que antes no tenía y no quiere que se lo quiten. Y construirá una muralla alrededor: tal vez un apellido, una casa, una familia, hijos, una buena posición económica, un renombre. Y esa muralla que levantó (para no perder todo lo que ha logrado) tiene un cartel que dice: "Nadie sale, nadie entra, esto es MÍO".

Pero ¿por qué sigues al lado de ese hombre maltratador? ¿Por qué no dejas ese trabajo en donde te maltratan y te oprimen? Porque pusiste una muralla y estás protegiendo lo que conseguiste.

CAMBIA TUS PENSAMIENTOS, TU MANERA DE PENSAR. NO DEJES PASAR TU VIDA, NO LA TRANSITES SIN PRESTARLE ATENCIÓN.

No es creativa: si siempre te dijeron qué es lo que tienes que hacer, dejaste de usar tu mente. Eso nos pasa mucho a las mujeres, pretendemos que todo el mundo nos diga qué hacer para que estemos libres de responsabilidades y dejemos de pensar. Nos enseñaron que las mujeres no teníamos capacidad para pensar: "Eres una tonta", "No tienes dos dedos de frente".

LA LIBERTAD SE EMPIEZA A CONSTRUIR TENIENDO LIBERTAD MENTAL. SI NO DAS EL PUNTAPIÉ PARA DECIDIR POR TI MISMA, ALGUIEN LO HARÁ POR TI.

Si quieres ser libre de la violencia, tienes que empezar con tu mente. No hay nada más lindo que vivir en libertad, y eso implica saber cuál es tu objetivo e ir tras él. Camina apuntando siempre al objetivo, que nadie lo limite, que nadie te diga que no puedes, que nadie te quite la pasión de la vida.

ES TIEMPO DE RECONSTRUIR LOS MUROS DE TU VIDA

A diario veo muchas mujeres golpeadas, tanto física como emocional y económicamente, que no se dan cuenta de que tienen tristeza en su rostro, y no es por el golpe ni por la palabra dura que recibieron, sino por una pasión que no pueden soltar porque están encarceladas.

LA LIBERTAD REQUIERE MÁS RESPONSABILIDAD QUE LA ESCLAVITUD.

En la esclavitud no tienes que ser responsable porque el otro decide por ti; pero en la libertad, eres responsable de tu propia vida y ella trae más trabajo, capacidad y fuerza para trabajar.

La mente oprimida odia el trabajo; la mente libre lo ama porque sabe que ese es el camino para lograr más libertad.

Terminar con el maltrato no es una opción en tu vida, es una obligación. Cuando lo hagas, podrás comenzar a vivir y experimentar el derecho a la libertad.

6

UN DÍA ESTOY BIEN Y OTRO DÍA ESTOY MAL

¿Eres de esas mujeres que se preocupan por todo? ¿Perdiste el interés por lo que antes tanto te entusiasmaba? ¿Sientes que tu vida es un castigo? ¿Tienes ganas de emprender algo nuevo pero te sientes demasiado cansada para comenzar, o abandonaste lo que habías empezado?

¿Qué pensamientos son constantes en tu mente: los positivos o los negativos?

Las emociones pueden ser positivas o negativas y sirven para establecer nuestra posición con respecto a nuestro entorno, impulsándonos hacia ciertas personas, objetos, acciones o ideas y alejándonos de otras.

Una emoción es la agitación del ánimo. Y el ánimo puede agitarse por:

Una idea. Es decir, un pensamiento o un recuerdo que te trae tristeza, alegría, dolor.

Una conmoción orgánica. Por ejemplo, si alguien te da un beso, te abraza o te acaricia, sientes una agitación especial, una emoción.

El problema es cuando las emociones negativas prevalecen, especialmente en las mujeres, porque las reprimimos y no queremos sentirlas, entonces las guardamos y así es como nos enfermamos.

Hagamos juntas este test para saber si son nuestras emociones quienes nos dominan, o si somos nosotras quienes las dominamos a ellas.

Suma las respuestas afirmativas de cada una de las siguientes preguntas:

1. ¿Me siento triste y no puedo salir de ese sentimiento?
   SÍ NO

2. ¿Pienso que en mi futuro no hay esperanza?
   SÍ NO

3. ¿Creo que soy una fracasada como persona?
   SÍ NO

4. ¿Estoy insatisfecha y me aburro de todo?
   SÍ NO

5. ¿Me siento siempre culpable?
   SÍ NO

6. ¿Creo que estoy siendo castigada por algo?
   SÍ NO

7. ¿Lloro con frecuencia?
   SÍ NO

8. ¿Solía llorar, pero ahora no puedo hacerlo aunque quiera?
   SÍ NO

9. ¿Vivo irritada?
   SÍ NO

10. ¿Nada logra captar mi interés?
    SÍ NO

11. ¿Me veo fea?
    SÍ NO

12. ¿Estoy siempre cansada para hacer algo?
    SÍ NO

13. ¿Me preocupo por todo?
    SÍ NO

Si por lo menos identificaste dos o tres síntomas de las respuestas a estas preguntas, estás siendo dominada por alguna emoción.

Sin embargo, querida amiga, somos nosotras quienes tenemos en nuestras manos el "control remoto" de nuestras vidas. Solo necesitamos dar los pasos correctos para poder manejar nuestras emociones y, a partir de allí, poder disfrutar de todo lo que tenemos.

Por eso:

1. NO ALIMENTES PENSAMIENTOS DE TRISTEZA.

Somos las encargadas de elegir y cuidar quién maneja nuestras vidas. Si escuchas canciones depresivas ("me abandonó", "me dejó", "se fue con otra", "me quedé sola") terminarás contaminando tus emociones.

LAS EMOCIONES SON EL RESULTADO DE NUESTROS PENSAMIENTOS: TAL COMO PENSAMOS, SENTIMOS. LA MENTE ES MUY PODEROSA, Y CUANDO APRENDE ALGO NO QUIERE CAMBIARLO. LA FORMA EN QUE PIENSO ES EL REFLEJO DE CÓMO VIVO.

¿Qué piensas acerca de ti misma? Si crees que no eres capaz, tu mente detectará todos los errores, solo hablarás de ellos y no de los aciertos, porque te estarás concentrando solo en tus fallas.

Tu mente debe trabajar a tu favor. Puede ser la mejor compañera o el peor enemigo, y solo tú tienes autoridad sobre ella.

2. LLENA TU MENTE DE SUEÑOS, DE PROYECTOS, DE METAS.

Las emociones negativas te estrechan. Por eso debemos invertir nuestro tiempo y nuestros pensamientos en aquellas cosas que nos producen felicidad.

Hay mujeres que viven con esquemas mentales adquiridos y dicen, "Si río hoy, lloraré mañana; entonces mejor no festejar mucho". "Sufro hoy para reír mañana", es como decir "hoy no se fía, mañana sí"; y al día siguiente nuevamente dicen, "Sufro hoy para reír mañana", y ese mañana nunca llegará.

Ese es el problema de muchas mujeres dominadas por emociones negativas (tristeza, ira, bronca) que deberían agotarlas para no seguir dando vueltas y poder reírse. ¡Es tiempo de reír!

Si lo negativo es lo que te domina, no podrás disfrutar de lo bueno porque la mente verá todo negro. y en vez de aferrarse a las cosas buenas, aunque parezcan pequeñas, se enfocará en lo malo.

La emoción negativa nos indica que es tiempo de moverse y no de hundirse en el dolor. Recuerda el momento en el que tuviste más emociones negativas y la confusión que había en tu mente por la falta de respuestas. No reacciones en la emoción que te domina, espera a agotarla para que tu mente esté en paz y puedas decidir inteligentemente.

Cuando dejes de hablar de forma negativa, los obstáculos desaparecerán de la mente y los resultados exitosos vendrán a tu vida. La mente es poderosa, rica y tiene cosas preciosas.

Grítalo: "¡Mi mente está a mi favor!". Vas a lograr todo lo que te propongas.

No se angustien. Confíen en Dios y confíen también en mí. Juan 14:1

7

MI PERFECCIONISMO ME ESTÁ DESEQUILIBRANDO

¿Tu vida podría ser mejor? ¿Te falta algo para ser feliz pero no sabes qué?

¿Te sientes insatisfecha con lo que tienes o lograste hasta hoy?

¿Te consideras una mujer perfeccionista? ¿Te cuesta disfrutar de tu familia, de tu trabajo, de ti misma?

¿Sientes que te estás quedando sola? ¿Vives obsesionada con tu imagen frente a los demás?

Exigencia, exigencia y más exigencia… ¡Basta! A partir de hoy vas a comenzar a disfrutar de ser mujer.

Muchas veces, las mujeres nos vemos obligadas a que todo salga perfecto. Sentimos que nuestra responsabilidad ante la vida es complacer a todos y que no tenemos permitido equivocarnos. Creemos que nacimos para ser una "máquina" programada para la perfección, sin posibilidad de demostrar emociones que aparenten debilidad, sin oportunidad de elegir lo que nos gusta porque vivimos "por" y "para" los demás. Y como pensamos así, intentamos que los otros también actúen de la misma forma ya que eso "sería lo normal".

Sin darnos cuenta, nos transformamos en mujeres exigentes con nosotras mismas y con los demás, y esa exigencia aumenta día a día, a menos que logremos identificarla y podamos permitirnos disfrutar.

CARACTERÍSTICAS DE LAS MUJERES EXIGENTES

Viven en una insatisfacción constante: sienten que podrían haber hecho mejor las cosas a pesar de haberlas llevado a cabo de manera correcta. Buscan que todo esté perfecto y terminan perdiendo oportunidades.

Asocian su autoestima a sus logros: "Si logro algo, mi autoestima está alta". Muchas de las mujeres que tienen depresión son perfeccionistas: se ponen metas ilógicas.

Sin embargo, querida mujer, tienes que saber que la exigencia nunca te llevará a la excelencia. Puedes ser muy exigente, pero nunca excelente. La excelencia no es resultado del perfeccionismo, es el resultado del carácter maduro. La hiperexigencia lo único que hace es que la gente se aleje.

No saben disfrutar y no permiten que otros disfruten de la vida: cuando estás en el detalle, no solamente dejas de disfrutar, sino que le prohíbes al otro que también lo haga.

Una mujer exigente es una mujer atada a la opinión de los demás. No hagas eso. Tienes que lograr una identidad tan fuerte como para escuchar lo que te dicen los demás sin que te afecte. Debes tener en claro quién eres y hacia dónde vas.

Cuando eliges, tu autoestima crece; pero cuando los demás lo hacen por ti, vives atada a lo que quieren los otros. Sé independiente de la opinión ajena.

Hay mujeres que no se dieron cuenta de que no están dando frutos porque la opinión de los demás las confundió. La gente siempre querrá hacerte a su imagen y semejanza, pero no necesitas mirarte en el espejo de los otros porque eres una mujer libre. En la vida vas a progresar de acuerdo con las cosas que estés dispuesta a ignorar.

Le dan la misma importancia a todas las cosas: no te obsesiones. Tal vez creas que porque vives exigiéndote le das al mundo la imagen de mujer ocupada, y como estás ocupada, eres importante.

Esa casa que querías se transformó en tu cárcel, porque en vez de disfrutarla estás pendiente de los detalles.

Ese auto que tanto querías es tu cárcel, porque vives controlando que nadie lo raye.

Ese trabajo que tanto querías no lo puedes disfrutar y se transformó en tu cárcel, porque te exiges al máximo.

El resultado de una encuesta reveló que el 60 % de las personas que hablaba por celular no hablaba con nadie, pero lo hacía para que los demás creyeran que era una persona ocupada e importante.

¿Cuántas cosas haces para que los demás crean que eres una persona ocupada e importante? ¿Cuántas cosas haces durante el día para que algo sea perfecto, porque en realidad te quieres sentir ocupada?

Busca la excelencia y no el perfeccionismo. Una mujer excelente respira paz porque sabe disfrutar de cada cosa. Si eres una mujer en paz vas a darte cuenta de que la gente quiere estar contigo.

Una mujer de carácter maduro irradia paz aun en medio de las tormentas. Cuando se levanta una tormenta en tu barco tienes dos alternativas: puedes remar, aunque sea imposible, para llegar al puerto, o izar las velas y que el viento te lleve.

Cuando empiezas a disfrutar de la vida, dejas de ser una mujer hiperexigente y comienzas a ser una mujer en paz. La vida pasa muy rápido, por eso tienes que aprender a disfrutarla. ¡Disfruta de lo mucho o de lo poco, pero no dejes de hacerlo!

8

NO TENGO MÁS FUERZAS PARA SEGUIR LUCHANDO

¿Tuviste ganas de convertirte en Popeye, comerte un buen plato de espinacas y tener fuerzas para decir todo lo que querías y te ahogaba? ¿Sientes que estás recibiendo una violencia que no te mereces?

Seguramente sí, y es que lamentablemente nuestra sociedad está rodeada de violencia. Tal vez tu entorno te quiera mucho, pero son violentos contigo. Por ejemplo, tus hijos adolescentes que están en plena rebeldía. Quieres acercarte a ellos, llevas una taza de té a la habitación porque quieres conversar y te echan.

Puede ser tu marido a quien amas mucho, pero quizá sea violento con sus palabras, y te preguntas por qué es violento si lo amas.

Tal vez es tu mamá que actúa con violencia, y que en vez de decirte palabras de amor, utiliza palabras de castigo o de reproche.

Hay personas que ni siquiera conoces y son violentas: tomaste el colectivo y el chofer te gritó; la persona que atiende la administración de un hospital de pronto se enojó sin que hicieras nada; fuiste al médico y te retó porque no hiciste nada; o un empleado de donde fuiste a comprar algo te trató mal. Solo hay violencia hacia tu vida.

Sin embargo, querida mujer, tengo que decirte que la violencia puede venir de quienes queremos o de los que no conocemos, pero también nos pertenece a nosotras.

Hay una violencia interna contra nosotras mismas (broncas, iras) que se suma a la violencia externa que recibimos, y que nosotras almacenamos y no sabemos cómo reaccionar.

LA IRA Y LAS MUJERES

Hay mujeres que tienen mucha ira y sufren violencia, y se transforman en:

- **Mujeres amables:** son las que ocultan su ira o su enojo. Cuando se sienten incapaces de responder correctamente a la violencia de los otros, en lugar de soltar su bronca en el lugar, en el momento preciso y con la persona correcta, lo que hacen es comer. Por ejemplo, fuiste al cuarto de tu hijo a llevarle el desayuno y te sacó de mal modo, entonces vas a la cocina y comes, pero ya habías desayunado, y no te das cuenta y estás "picoteando". Como no supiste reaccionar frente a la violencia de tu hijo, guardas esa ira... comiendo.

Hay mujeres que utilizan frases como: "Lo que me dijo no lo pude digerir". Cada frase la relacionan con la comida y dicen: "Me tuve que comer las palabras". Son personas que no saben cómo soportar ni cómo reaccionar frente a la violencia que los demás ejercen sobre ellas. Sin embargo, existen muchas maneras de soltar la ira y la bronca sin que te lastimes (y no solo comiendo).

LAS MUJERES SOMOS MUY EMOCIONALES, PERO EN ALGUNOS MOMENTOS DE NUESTRAS VIDAS DEBERÍAMOS DEJAR DE LADO LAS EMOCIONES Y COMENZAR A USAR TODAS NUESTRAS CAPACIDADES.

- **Mujeres de mal genio:** lo que estas mujeres tienen adentro necesitan soltarlo. Se pelean con todo el mundo. Por ejemplo, si el hijo no le recibió el té, le saca la frazada, se la tira y le dice: "Nunca más en tu vida te sirvo un té". Es decir, sueltan lo que sienten en el momento, pero estos dichos no les sirven para cubrir sus necesidades. Su lema es: "Si son violentos conmigo, soy violenta con ellos". Utilizan la ley del "ojo por ojo y diente por diente".

El problema es que a la mujer de mal genio nadie termina tomándola en serio: "Esta mujer está loca, déjala que grite, no le hagas caso". Y así se queda sola en su casa gritando. Es la loca, la histérica de mal genio. Cuando termina de gritar se siente mal porque quedó como una loca gritando, y entonces come.

PARA LAS MUJERES, COMER ES UNA MANERA DE COMUNICARSE. ES UNA FORMA NEGATIVA DE EXPRESAR SUS EMOCIONES: NO LO PODEMOS HACER DE OTRA MANERA PORQUE NO SABEMOS TRANSMITIRLAS, Y LO MANIFESTAMOS A TRAVÉS DE LA COMIDA.

Leí la historia de una mujer que era enfermera y que caía en pozos depresivos muy grandes. Estos ocurrían cuando alguna paciente hablaba de manera negativa de su trabajo. Es decir, cuando alguien le decía que hacía algo mal comenzaba a tener un monólogo interno consigo misma: "Soy un desastre", "al final ni mi trabajo hago bien", "nada hago bien en la vida, no sirvo para nada".

Cinco minutos después de este monólogo interno, que siempre era el mismo, comía. De las maquinitas de expendio de comidas del hospital sacaba un dulce, y tomaba el café con cuatro o cinco dulces, siempre estaba "picando" algo. Hasta que se dio cuenta de cómo funcionaba ese circuito y empezó a trabajar en ese tema, y entonces pudo cortar el monólogo interno. Pudo decir "basta" justo en el preciso momento en que estaba comiendo por emociones y no por hambre. Y diciendo "basta" evitaba todo el proceso que seguía. Así, esta enfermera comenzó a salir de su depresión.

¿Cuántas veces pasaste por una situación negativa y, sin darte cuenta, fuiste enseguida a la heladera y buscaste algo para comer? Seguramente muchas... Sin embargo, si te das cuenta cómo empieza el proceso, vas a poder cortarlo y anular ese circuito. No dependas de la opinión de nadie porque solo tú sabes lo que hay en tu interior. La única opinión que debe importarte, la máxima opinión, es la tuya. Es la voz de tus sueños, de tus metas y de todos los proyectos que tengas por delante.

¡Muchos éxitos!

Pero los que confían en el SEÑOR renovarán sus fuerzas; levantarán el vuelo como las águilas, correrán y no se fatigarán, caminarán y no se cansarán. Isaías 40:31

9

MI MADRE ME ESTÁ ENLOQUECIENDO

¿Comparaste en algún momento a tu mamá con la de tu amiga, tu vecina o tu prima? ¿Pensaste que sería mucho mejor si te hubiera tocado a ti la mamá de…?
Muchas veces nos habremos hecho algunas de estas preguntas o hemos querido tener otra mamá.

Necesitamos entender que existen diferentes relaciones entre madres e hijas. Lo bueno es poder sanar nuestras emociones, sin importar la edad que tengamos, y establecer un vínculo sano con la mamá que nos haya tocado en la vida.

Mi interés es que, al finalizar esta lectura, puedas saber y reconocer qué tipo de mamá eres, y a partir de allí, reafirmes, asegures o definas los cambios que debes implementar para que las relaciones que establezcas con tus hijos mejoren, y ambos puedan sentir que sus vínculos crecen y avanzan.

El propósito de las definiciones de los tipos de madres que te presento no buscan hacerte sentir culpable, ni que te sientas mal, ni tampoco que te provoquen angustia. Todo lo contrario, mi interés es otorgarte las herramientas necesarias para que puedas reconocer qué tipo de mamá eres y desafiarte a salir de situaciones angustiantes que te deprimen y te desvalorizan.

Nada está perdido, dispones de la oportunidad para revertir cualquier tipo de situación. No te quedes a mitad de camino. Si crees que la relación con tus hijos puede cambiar, eso será posible. Los cambios suceden cuando determinamos que ellos ocurran. ¡Desafía tu esquema de vida!

LOS ROLES DE MADRES MÁS FRECUENTES

- **Mamá "culpógena":** es aquella a la cual es imposible complacer, nada la satisface y nada ni nadie la contenta. Su frase preferida es: "¡Por tu culpa! ¡Por tu culpa yo estoy así!, ¡por tu culpa discutí con tu padre!".

Todos los demás son culpables de sus aflicciones, excepto ella misma. Todo lo que le digan la ofenderá, y convivir con ella sin decepcionarla es algo difícil de alcanzar. Su hija puede regresar feliz del colegio y decirle entusiasmada: "Mamá, me saqué un 9 en la prueba", a lo que ella contestará: "¿Y por qué no un 10, querida?".

Esta mamá no sabe lo que quiere de sí misma, ni tampoco puede reconocer lo que espera de los demás. Su estado es de permanente infelicidad y desdicha, por eso es que "por todo" y "de todo" se siente culpable. Al mismo tiempo se encarga de transmitir al resto de su familia ese sentimiento que la ahoga, y lamentablemente crea vínculos enfermos y lastimosos. Por ejemplo, sufre dolores de espalda porque planchó una tonelada de ropa de sus hijos, o está dolida porque los hijos mayores no la llevaron a pasear, le duele la cabeza porque ellos gritan y está angustiada porque el día de su cumpleaños no recibió el afecto ni el regalo que ella pensaba que se merecía.

Si está resfriada es porque la llevaron a pasear y ella tenía frío y quería quedarse en casa, pero salió para complacerlos, aunque ellos se sintieran bien; si está deprimida es por culpa del hijo que no escuchó sus consejos "tan útiles". Y así pasa sus días y su vida.

PARA LA MADRE "CULPÓGENA", SU DOLOR Y SUS EMOCIONES SIEMPRE SON MÁS FUERTES QUE LOS DEL RESTO DE LOS INTEGRANTES DE SU FAMILIA. SU ANGUSTIA ES SUPERIOR A LA DE LOS DEMÁS E INCOMPARABLE EN INTENSIDAD, YA QUE NADIE PUEDE SUFRIR NI ENTENDER EL DOLOR DE UNA MADRE.

Quizá te hayas culpado la mayor parte de tu vida por las cosas que te sucedieron, pero haciendo esto solo estás tapando todo lo bueno que "sí" te sucedió, quitándote el derecho de poder equivocarte.

Sin darte cuenta sobrecargas a los otros con culpas ajenas (o propias) de las cosas que te suceden, o de aquello que tal vez no resultó como pensabas, y de esta manera te niegas una nueva oportunidad.

Poder reconocer tus propias limitaciones es el primer paso que necesitas dar para aprender a superar cada crisis.

- **Mamá hipercrítica:** es muy parecida a la mamá "culpógena" en su forma de proceder, en sus conductas y en sus hábitos. Sin embargo, esta mamá es un poco más obsesiva en todas sus observaciones, sus palabras, sus órdenes, sus pedidos y sus demandas.

¡Si a la mamá anterior no había forma de complacerla, a esta mamá mucho menos!

Permanentemente marca los errores y los fracasos de cada uno de sus hijos por no haber escuchado sus sabios consejos. Cada palabra y cada movimiento de su cuerpo señalan el error y la falla de los otros.

TODOS LOS SERES HUMANOS NECESITAMOS CONTAR CON EL RECONOCIMIENTO DE NUESTRAS MADRES. ESTA VALIDACIÓN NOS HACE SENTIR IMPORTANTES, NOS DA FUERZAS Y NOS ESTIMULA PARA SEGUIR ADELANTE A PESAR DE LOS ERRORES. ES EL SOSTÉN EMOCIONAL DE LA OTRA PERSONA QUE PERMANENTEMENTE NOS ESTÁ DICIENDO: "YO SÉ QUIÉN ERES, NO IMPORTA SI TE EQUIVOCASTE, YO SIGO CONFIANDO EN TI", "NADA NI NADIE PODRÁ QUEBRAR ESTE AMOR Y ESTA RELACIÓN QUE NOS UNE".

Tal vez esta mamá nunca haya sido validada por sus padres o por algún referente importante de su niñez, y sin darse cuenta repite este patrón de conducta en su familia. Jamás la escucharás diciendo: "Te felicito hijita" o "Lo hiciste muy bien; qué importante fue que lo hayas intentado". Esta madre no puede verbalizar esas palabras de aliento y sabiduría porque nunca las recibió.

Necesitamos ese apoyo desde el momento en que soltamos nuestro primer llanto fuera de la panza de nuestras madres. Es esa contención que por ser seres sociales precisamos y que también debemos dársela a los seres que forman parte de nuestra vida.

Si eres mamá, pero hasta hoy no lo hiciste por temor al ridículo, al rechazo o tal vez porque nunca nadie lo hizo con tu propia vida, puedes comenzar a hacerlo. Y aunque tus hijos tengan veinte o treinta años, no importa la edad, siempre aceptarán esa palabra que los valide, que los estimule y que los ayude a afirmarlos y a establecerlos en este camino diario que es la vida. Cuando lo hagas, estoy segura de que ellos comenzarán a darte ese reconocimiento que quizá nunca antes supieron darte.

- **Mamá nutricia:** estas mamás se desesperan cuando sus hijos no comen. Para ellas, "la persona" necesita estar masticando algo todo el tiempo, y si no lo hace, inmediatamente se angustian. Las invaden cientos de creencias falsas, por ejemplo: "Si no come es porque no está bien, tal vez le esté pasando algo que ella no sepa o está incubando un virus".

Otro tipo de creencia errónea de estas mamás es que "estar gordito" es sinónimo de salud. Hoy, más que nunca, los médicos tratan de combatir la obesidad desde la infancia dado que la gordura no es sinónimo de salud ni de fortaleza. Esta estructura fija de pensamiento todavía hoy cuesta refutarla. Las madres nutricias llevan consigo la tradición de las familias españolas o italianas, en donde nadie se podía levantar de la mesa hasta que el plato estuviera limpio. En otras oportunidades, solías escucharlas decir: "¿Cómo no vas a comer todo cuando hay chicos que no tienen para comer?", y esa frase te llenaba de culpa y comías todo, aunque estuvieras satisfecha.

Este modelo de mamá "cuida, sana y ama" a través de los alimentos. Por esa razón, es que cuando sus hijos no comen, se desesperan, o se frustran al pensar que la comida no tiene sabor o que algo les sucede.

Cuando van al cine, las mamás nutricias llevan dulces y, como si esto fuera poco, cuando terminan de ver la película les compran un *hot dog* "por si las dudas" de que se hayan quedado con hambre. ¿Conoces a alguien así?

TODO SE "CURA" CON LA COMIDA. DESPUÉS DEL DENTISTA, EL HELADO; DESPUÉS DE UN REMEDIO, ALGO DULCE; SI EN LA ESCUELA LE PASÓ ALGO A SU HIJO, INMEDIATAMENTE LE DIRÁ: "LLAMA A TU AMIGO PARA QUE VENGA A CASA A JUGAR CONTIGO, QUE YO LES PREPARO UNA TORTA Y ASÍ SE TE PASA".

La mamá nutricia lo arregla todo con la comida. Pero en estos tiempos podemos comprender que si bien utilizamos la comida, no es correcto adjudicarle una determinada función de sanidad. Puedes comer lo que quieras, pero no resolverás con el alimento esa palabra no dicha a tiempo, ni esa angustia o esa raíz de amargura que cada día crece más.

Lo único que queremos hacer con la comida es tapar o demorar una solución que debemos darle a nuestra carencia o a nuestra emoción no resuelta.

DE LA HERMOSURA DEL CORAZÓN HABLA NUESTRO ROSTRO, Y NO SOLO NUESTRAS EXPRESIONES FACIALES, SINO NUESTRO ANDAR, NUESTRO HABLAR Y NUESTRO INTERACTUAR.

El cuerpo expresa y habla de todo lo que hay en nuestro interior y en nuestro espíritu. No es suficiente un estómago lleno de comida o muchos kilos en el cuerpo para señalar que esa es una persona sana y feliz. No lo olvides.

- **Mamá distante:** esta mujer se casó para tener bienestar, pero no se "programó" para criar hijos ni pensó en ello. Primero están sus necesidades, sus logros, sus éxitos y sus beneficios. Tiene muchos proyectos y objetivos para cumplir, sin embargo, en sus planes nunca estuvo la idea de ser mamá, y es por eso que al comprender que sí lo será, comienza a sorprenderse tratando de ocultar o de negar momentáneamente este hecho.

Sin darse cuenta, esta mamá está perjudicando la relación madre-hijo, y boicotea el vínculo maternal que la une a ese hijo que forma parte de su vida. Y así es como estos chicos crecen sin un vínculo maternal que los afiance y los estimule, porque, en parte, ellos llegaron ocasionalmente a la vida de sus padres e interrumpieron sus planes y sus metas.

Por esa razón, también muchas de estas madres anotan a sus hijos en cuanta actividad puedan: dibujo, inglés, piano, fútbol, maestra particular, etcétera, tratando de desligarse de aquellas responsabilidades que, por ser mamás, les compete.

TAL VEZ EN TU INFANCIA FUISTE TRATADA DE LA MISMA MANERA: TU MAMÁ NUNCA TENÍA TIEMPO PARA JUGAR, NO TE ACOMPAÑABA A LOS ACTOS ESCOLARES Y NO TE ACARICIABA TODO LO QUE NECESITABAS. PERO QUIERO DECIRTE QUE NO EXISTE UNA "ESCUELA DE PADRES" EN LA QUE TE ENSEÑEN CÓMO SER MEJOR MAMÁ O MEJOR PAPÁ.

Seguramente lo que tus padres hicieron es lo que consideraban lo mejor para ti, o quizá hayas recibido de tus padres una sobreprotección que te asfixiaba y hoy no quieres repetir la misma historia con tus hijos.

Te animo a que puedas recordar, tratar de ver en el espíritu el día en que naciste. ¿Sabes que ese día alguien te tomó en brazos? No sé quién fue, tal vez tu mamá, tu papá o quizá ninguno de ellos dos, pero pudo haber sido el doctor, la partera o la enfermera quien te sostuvo en tu primer llanto. Puede ser que nunca te lo hayan contado, pero quiero que sepas que ese día alguien te sostuvo y te tomó en brazos. Y hoy te toca hacerlo con tus hijos.

No pelees más con tu pasado ni con todo lo que te lastima y perjudica tu presente, tu futuro y tus hijos. Adentro tuyo hay una mujer que ama a su descendencia, pero tal vez no sepa cómo demostrarlo.

Nunca es tarde.

Si te cuesta acariciar, validar o estimular, comienza a hacerlo de a poco, un poquito hoy, otro mañana, hasta que esa actitud se convierta en un hábito y así logres que tu amor pase a ser algo normal, común y habitual en tu trato con los tuyos. Esta nueva forma de relacionarte sanará tu autoestima y la de tus hijos.

- **Mamá sacrificada:** por lo general, su frase favorita es: "¿Tienes idea de lo que yo dejé de lado en mi vida para criarte? ¡Te he dado los mejores años de mi vida, dejé mi carrera por ti!".

Esta clase de madre es aquella que en el momento en que siente que sus hijos toman vuelo propio, comienza a sentir el vacío personal de no haberse proyectado como mujer y que simplemente dedicó su vida a ser madre.

Descubre que si hubiera seguido una carrera o si hubiera invertido tiempo en ella, hoy podría ser abogada, famosa, artista, Premio Nobel o científica. Y es allí, en el reconocimiento y en el "darse cuenta" de lo que no hizo, cuando la frustración y la angustia la invade, y vuelca todo ese dolor y esa carencia interna no resuelta en los otros, en este caso en los hijos.

Es más fácil ser la víctima de la casa que reconocer que el patrón de conducta que una misma eligió no cumplió nuestras expectativas de vida. No obstante, para fortalecer el "yo interior" y transformar esa realidad, es preciso que podamos responder estas preguntas: ¿Qué quiero lograr de ahora en adelante? ¿Cuál es mi intención? ¿Hacia dónde está enfocado mi objetivo? ¿Cómo lo voy a alcanzar? Seguramente con metas, desafíos y nuevos objetivos alcanzarás logros que jamás imaginaste.

COMIENZA POR SANAR CADA EMOCIÓN LASTIMADA, CADA FRUSTRACIÓN QUE HOY SIENTES QUE DESVALORIZA TU VIDA. OCÚPATE DE TUS SUEÑOS, DE LO QUE ALGUNA VEZ PROYECTASTE SER. INVIERTE TIEMPO EN TI: SIEMPRE PUEDES VOLVER A EMPEZAR, Y SI ESTÁS LEYENDO ESTE LIBRO, ES PORQUE TIENES LA CAPACIDAD DE LOGRARLO.

Si piensas que perdiste tiempo, quiero decirte que nunca es tarde para cambiar. El primer cambio está en tu mente, en erradicar esa mentalidad de sacrificio que determinó que te olvidaras de vivir y reemplazarla por una mentalidad de aceptación y validación. Atesora una buena autoestima y considérala como un derecho irrenunciable.

Características más, características menos, todas tenemos un poco de alguna de estas madres. Estas descripciones no están elaboradas para que te detengas en lo malo o en los errores que tal vez te diste cuenta que estás cometiendo, sino para que puedas discernir que con sabiduría y amor todo se puede cambiar.

Podemos cambiar hábitos, creencias y conductas y tus hijos también podrán hacerlo. Aceptar nuestros defectos es disponernos hacia todos aquellos cambios que sabemos serán beneficiosos para nuestra familia. Una persona de éxito hace cambios a su debido tiempo.

Quizá por momentos te sientas invadida por temores o desconsuelos, por sentimientos que te hacen sentir que no eres querida ni valorada como lo mereces, pero es tiempo de que puedas deshacerte de todas estas emociones que están lastimándote.

Comienza a tomar las cosas con más humor, elabora proyectos propios y planes que también involucren a los tuyos. No temas criar hijos dependientes de tu persona, no tengas miedo de estar sola algún día. Cuando formamos seres libres y con capacidad de reflexión y decisión, estamos ejerciendo el verdadero rol de mamá. Ellos también podrán darse cuenta del valor que tuviste en sus vidas, te lo harán saber y sentir en cada momento que lo necesites.

Comienza a brillar.

La puerta de tu encierro hoy está abierta, anímate a salir de ella para comenzar a vivir y gozar de lo que tienes por delante. Y no te olvides de que día a día aprendemos a ser mamás.

10

¿CUÁNDO ES MI TURNO PARA VIVIR?

¿Sentiste que te brindaste plenamente a todo el mundo y que cada uno cumplió sus sueños, pero te olvidaste de vivir y hoy te dices: "¡Quiero un cambio, necesito que me pase algo distinto! Necesito que me pase algo nuevo en la vida?".

¿Piensas que un cambio en tu vida sería algo espectacular?

El Cantar de los Cantares es un libro de amor para enamoradas y enamorados. En la antigüedad, la persona menor de cuarenta años no podía leer este libro porque decía "cosas fuertes". Es un libro de amor, de un amado que le escribe a su amada:

> "Mi amado habló, y me dijo: Levántate, oh amiga mía, hermosa mía, y ven. Porque he aquí, ha pasado el invierno, se ha mudado, la lluvia se fue; se han mostrado las flores en la tierra, el tiempo de la canción ha venido".
>
> (Cantares 2:10-12, RVR-60)

Por eso, querida mujer, como siempre suelo decir, ¡hay tiempo! Puedes salir de tu invierno. ¡Es tiempo de levantarte! No naciste para vivir en el letargo y en la frustración. Solo tú podrás darle a tu vida el giro y el cambio que estás necesitando. Quizá estés pasando un "invierno" en tu salud, enfermedad tras enfermedad, tanto tuya como de los otros. Puede ser que vayas de terapia en terapia, de circunstancia difícil en circunstancia difícil. Un "invierno" en tus sentimientos, sin diálogo con tu pareja, con la que parecen dos extraños que se acuestan en la misma cama, pero ni se hablan. Peleas continuas, etc. Tu casa se ha transformado en un infierno en lugar de ser un lugar cálido al que uno espera volver al final del día. Porque eso es un "invierno" a nivel emocional. Es un tiempo de limitación, de freno en nuestra vida.

¿Cuántas veces te ocurrió que intentaste dejar atrás todos esos problemas y quisiste establecer una relación nueva, pero parecía que todo se trababa? Quieres comenzar a desarrollar un proyecto, pero, de pronto, algo sucede y lo frena. Estos son los tiempos difíciles.

NECESITAS PREDISPONERTE A VIVIR UN TIEMPO NUEVO PARA TU VIDA. Y ESE CAMBIO QUE ESTÁS ESPERANDO QUE SUCEDA EN "EL AFUERA" TIENE QUE COMENZAR ADENTRO TUYO.

Tal vez pasaste tanto tiempo esperando que algo nueva suceda que, cuando lo recibes, no puedes percibirlo, y cuando está delante tuyo dices: "No, esto no es para mí". No lo tomas, y tienes que saber que lo que no arrebatas como tuyo, lo tomará otro.

Y es que por años te olvidaste de vivir, de pensar en tus gustos, en tus necesidades, en tu pasión y hoy sientes que la vida se te escapa entre los dedos. Sin embargo, todo puede cambiar, y para eso tendrás que comenzar a tomar decisiones. Es tiempo de lanzarte a conquistar, a capturar y a disfrutar de lo que tanto quisiste siempre.

¡Es tiempo de poseer y no de admirar! Es tiempo de empezar a abrir tu boca para cantar alegría y proyectos, y para determinarte a anunciarle al mundo que estás dispuesta a hacer todos los cambios necesarios para que lo bueno, lo justo y lo verdadero llegue a tu vida.

Y para entrar a un tiempo nuevo vas a tener que usar la fe.

¿Sabes que no todas las mujeres pueden entrar en un tiempo nuevo? ¿Sabes que si no activas tu fe no podrás alcanzar los sueños y los deseos que están adentro tuyo? Fe en ti misma, en tus proyectos, en tus capacidades.

Decide lo que quieres cada día, no te quedes sentada llorando tu dolor. Comienza a sembrar tu propia vida, ¡y la cosecha llegará!

No vivas de recuerdos ni pensando en el pasado.

No importa si en un momento determinado de tu vida te olvidaste de vivir, lo importante es que un nuevo tiempo de cambios y de decisiones está llegando.

Se acabarán el llanto y el dolor, y sólo habrá alegría y felicidad.
Isaías 35:10 (TLA)

11

¡ÚLTIMAMENTE, TODO ME IRRITA!

¿Te has preguntado por qué te enojas con las personas que más quieres? ¿O te han dicho que siempre estás enojada por todo?

¿Te has cuestionado tu carácter? ¿Te encuentras de repente retando a todo el mundo, especialmente a las personas que más quieres, que más admiras, y tal vez ni siquiera te diste cuenta de cómo empezaste, hasta que llegas a un punto en el que todo te molesta y te perturba?

¿Eres de esas mujeres que dicen: "Siempre le termino gritando a mi marido que es un santo, o a mi hijo que no tiene nada que ver, o a mi amiga que siempre está cuando más la necesito", y parece que toda tu frustración y toda tu bronca las descargas con ellos?

Todos nos enojamos en algún momento de la vida, y está bien que lo hagamos cada tanto, pero el problema es cuando enojarse se convierte en un hábito.

Las mujeres tenemos que ser muy cuidadosas cuando tratamos a los que nos rodean como si fuéramos las mamás de todo el mundo o las "maestras ciruelas".[1] Vivimos gritándoles, enseñándoles, todo el tiempo les decimos lo que está bien o lo que está mal y nos acostumbramos a vivir de esa manera. Pero siempre estamos a tiempo de poder revertir esa situación, de salir de ese enojo, de terminar con las relaciones conflictivas y de comenzar a establecer relaciones sanas.

El hecho es que la mayoría de las mujeres reacciona siendo cruel u hostil con los demás porque tiene una necesidad que no está siendo satisfecha. Tal vez se trate de una necesidad emocional, económica o alguna otra. O quizá algo que no le está saliendo como quiere y entonces busca la manera de desquitarse.

Estas son las características más sobresalientes de las mujeres hipersensibles.

- Se enojan rápidamente: atacan antes de ser atacadas y siempre están a la defensiva. Son impulsivas (si alguien les habla ya están pensando qué le van a contestar y no escuchan lo que el otro les dice). Parecen detenidas emocionalmente en la etapa de la adolescencia. Tanto si se les dice algo malo o si se las halaga reaccionan con rebeldía, como si fueran adolescentes eternas.

Son las mujeres que dicen: "No sé a qué, pero me opongo, no me importa lo que me estén diciendo. A mí me van a escuchar sí o sí".

1. Nota del editor: el "maestro ciruela" se ha transmitido en el refranero popular desde comienzos del siglo XX. La expresión se usa para referirse a alguien que pondera sobre un asunto con absoluta ignorancia.

- Viven criticando a las demás: su baja autoestima las lleva a querer destruir a los que están a su alrededor. La competencia más cruel es entre mujeres, porque en vez de apoyarnos, queremos que la otra mujer desaparezca para que no pueda hacernos sombra.

La mayoría de las mujeres, cuando ve que otra logra sus objetivos y sus metas, en vez de alentarla y apoyarla trata de desestimarla con la crítica, con palabras de desvalorización y con dichos como: "Por algo será", "Si llegó ahí, vaya a saber cómo lo logró".

Y así es como estas mujeres comienzan a preguntarse: *¿Por qué ella sí y yo no? ¿Por qué ella puede tomar esas decisiones y yo no puedo hacerlo?* Lo que sucede es que esta mujer perdió de vista su sueño al perder el tiempo en el sueño de otra mujer.

Perdemos de vista nuestro sueño en medio de la competencia y pensamos: *Si yo no lo logro, que ella tampoco lo haga. Si yo no tengo éxito, que ella tampoco lo tenga.*

¿Conoces a alguna de estas mujeres? ¿Competiste con ella alguna vez?

TENEMOS QUE SABER QUE EL PROBLEMA NO ESTÁ EN LA OTRA MUJER, SINO EN QUE NOSOTRAS DEBEMOS ANIMARNOS A HACER LO QUE QUEREMOS.

Recuerda que "si te tomas el derecho de evaluar la vida de otra persona, ella se va a tomar también el derecho de evaluar la tuya". Dedícate a tu persona y a tu vida. Elige lo bueno, porque cuando lo hagas ya no te preocupará el éxito de los demás. Nunca te olvides de que también puedes crecer y ser exitosa.

- Son sabelotodo: no se animan a buscar consejo y no dejan que nadie les enseñe. No pueden reconocer su área de debilidad, por lo que no se animan a trabajar en equipo. Son esas mujeres que se muestran invulnerables delante de los demás y se creen superiores a todos. Parecieran ser mujeres imposibles de alcanzar.

Sin embargo, podemos dejar de ser mujeres hipersensibles. Pero ¿cómo hacemos para no ser tan sensibles frente a lo que nos dicen o a lo que sentimos que nos hacen?

El primer paso que tienes que dar es dejar de ser hipersensible y de reaccionar con enojo frente a todas las situaciones que se te presentan. La queja debe desaparecer de tu vida.

ES TIEMPO DE MADURAR, DE MIRAR HACIA ADENTRO Y DE DESCUBRIR EL SENTIDO DE NUESTRA VIDA. ES TIEMPO DE RECUPERAR NUESTROS SUEÑOS, NUESTRAS METAS, TIEMPO DE ABRIR EL BAÚL DE LOS RECUERDOS Y COMENZAR A PONER EN MARCHA CADA IDEA Y CADA SUEÑO QUE HASTA HOY HEMOS GUARDADO. NUNCA ES TARDE PARA SER FELIZ.

Es tiempo de comenzar a llevarnos bien con la gente. En el camino siempre nos encontraremos con personas que se creerán superiores, otras con baja autoestima y otras incrédulas y desilusionadas. Pero no es tiempo de detenernos a mirar lo que está haciendo la persona de al lado, sino de mirar adentro nuestro y descubrir cuál es el propósito de nuestra vida.

No te compares más, sé feliz contigo misma y alégrate con el que se alegra, festeja sus triunfos y el otro festejará los tuyos.

No juzgues, porque a nadie le gusta ser juzgado. No critiques, porque a nadie le gusta ser criticado. Y aplica la ley de oro que dice: "Hay que ponerse en los zapatos del otro".

Aprende a felicitar a la gente que tiene éxito, porque cuando honras al otro, la honra vendrá a tu vida. Hay un principio que dice: "Lo semejante atrae a lo semejante".

Honra a la gente, no la eches de tu lado. Debes saber ponerte siempre en los zapatos del otro. Cuando veas una mujer que está queriendo lograr algo en la vida, apóyala, empújala y dile: "Te apoyo, te ayudo, te sigo, y quiero que seas exitosa; y cuando lo consigas, no te voy a envidiar, te voy a aplaudir y voy a hacer que sigas creciendo cada día más, porque 'lo semejante atrae a lo semejante'".

Sé una mujer que aprende a contar hasta diez antes de responder. Cada vez que te enfrentes con alguien y quieras descargar tu bronca porque tienes una frustración adentro, cuenta hasta diez. Y habla cuando estés en paz y cuando sepas que tus palabras serán de edificación y de mejoramiento, de solución y de respuestas que favorezcan llegar a un acuerdo.

Vuelve a reír y a disfrutar de la vida. No permitas que el dolor, los años o la frustración te bloqueen y no dejen soltar la verdadera mujer que quiere volver a soñar y a confiar. Crece en sabiduría. Sé sabia, porque al serlo sabrás cuándo es momento de callar y cuándo es momento de hablar.

Piensa cómo quieres ser recordada por tus hijos, por tu esposo, por tus hermanos: como esa mujer dura, perfecta, que nunca se permitió sonreír en la vida y nunca pudo ponerse en el lugar de nadie porque ella era perfecta; o como una mujer llena de gracia y sabiduría. Si elegiste ser una mujer llena de gracia y sabiduría, deja de lado las quejas, las excusas como "es mi edad", "estoy pasando por la menopausia", "pasé tantas cosas malas", "abusaron tanto de mí que ya no quiero que me pase más".

Si hoy sientes que tu carácter se ha endurecido, que eres agria con las personas, y que en vez de mejorar vas de mal en peor; que te estás quedando sola y ni tus hijos te quieren visitar, y ves que tu marido se aleja cada vez más; si pones una fachada de una mujer espiritual, pero que en el fondo, está gritando, haz un paquete con todas estas situaciones y excusas y arráncalas de tu vida.

Decide crecer, volverte a ti misma y llevar adelante los pasos que necesitas para ser una mujer exitosa.

No quieras ocupar el lugar del otro, no te compares.

Ocupa el lugar que fue diseñado para ti y para tus sueños.

Mírate a ti misma. Eres una mujer especial y única.

12

NO TE CREO MÁS, ¡DEJA DE MENTIRME!

A todas las mujeres nos mintieron o todas hemos mentido. Todo el mundo dice mentiras, pero no nos gusta descubrir que alguien nos mintió. Para que una mentira sea eficaz, se necesitan por lo menos dos personas: una que diga la mentira y otra que la crea. Porque si alguien te dice una mentira y no la crees, todo cae en "saco roto".

Para comenzar, necesitamos entender que existen dos tipos de mentiras: por comisión y por omisión. La primera de ellas es aquella mentira que se dice. Por ejemplo: "Hace un año que me divorcié", cuando en realidad no ha sido así; o "Ya pagué la deuda", pero nunca lo hecho; o "Querida, yo solía tener un problema con la bebida, pero ya lo superé"; o "Mi amor, nunca voy a volver a pegarte", sabiendo en el fondo que lo hará nuevamente.

Esas mentiras son por comisión, es decir, se dicen, se expresan, se hablan.

Las mentiras por omisión son aquellas que no se dicen. Son las que suelen justificarse con el viejo dicho: "Ojos que no ven, corazón que no siente". Son las mentiras en las que se oculta información, y cuando esto ocurre, el otro puede hacer lo que quiere y te mantiene al margen. Se olvidan "pequeñas cosas", por ejemplo: "Estoy viviendo con otra mujer", "Tengo un hijo en otra ciudad", "Mamá, repetí el año", "Soy alcohólico", "Estoy endeudado", "Hipotequé la casa".

Pero un día despiertas a la realidad y te das cuenta de que tu vida no era tan perfecta como imaginabas. Tu familia no es la que creaste en tu mente, tu matrimonio tampoco funciona tan bien como quisieras o tus finanzas no crecen tanto como las cuentas que dejaste de pagar para no ver el problema económico que tienes.

A VECES A LAS MUJERES NOS CUESTA DESCUBRIR QUE NOS MINTIERON. PREFERIMOS NO VERLO, PREFERIMOS QUE NOS MIENTAN POR OMISIÓN, O SEA, QUE SE CALLEN, Y QUE NO NOS DIGAN LA VERDAD PORQUE TENEMOS MIEDO AL "DÍA DESPUÉS", O PORQUE NO NOS SENTIMOS CAPACES DE ENFRENTAR LA VERDAD.

Sin embargo, necesitas saber que cada vez que descubres una mentira, en realidad estás descubriendo una verdad, la que te transformará en una mujer libre.

Descubrir mentiras no tiene que traerte dolor, ni angustia ni temor, porque es esa verdad la que te hará fuerte y libre.

Cuando comprobamos que alguien nos mintió, podemos reaccionar de dos maneras:

- Negar el hecho: "No, en realidad él no mintió. Me quiso decir otra cosa". De esta manera, estamos negando o justificando el comportamiento del otro, aunque adentro nuestro sabemos que solo estamos creyendo una mentira.
- Enfurecernos: nos dijeron una mentira y eso nos da mucha bronca. Nos enojamos y podemos llegar a hacer cualquier cosa por descubrir esa mentira.

Ninguna de estas dos reacciones traerá paz interior o satisfacción duradera, porque el convivir con una mentira nos daña. Analicemos, entonces, cuáles son los daños que nos causa la mentira.

Si fuimos engañadas nos sentimos tontas y humilladas. Comenzamos a decirnos: "¿Cómo me pude meter en esta mentira? ¿Cómo me pudo mentir tantos años de mi vida? ¿Cómo no me di cuenta?". Y así, todos los pensamientos negativos y "culpógenos" comienzan a llenar nuestra cabeza. Pareciera que la cabeza nos fuera a explotar, y es en esos momentos cuando comenzamos a reaccionar. Y en este punto debemos detenernos a reflexionar porque no es lo mismo actuar para revertir la situación, que reaccionar.

Cuando una mujer reacciona lo hace con todas sus emociones, con toda su mente, con todos sus impulsos, con toda la angustia y con todo el dolor. Sin embargo, cuando actuamos, lo que estamos haciendo es querer cambiar esa situación para no volver a caer en esa mentira.

¿Cómo reaccionamos las mujeres?

Una de las formas de reaccionar que tenemos las mujeres es "matar al mensajero". Durante siglos, las noticias eran transmitidas a través de un mensajero. Si la noticia era buena, ese mensajero recibía una recompensa; pero si las noticias eran malas, el mensajero era desterrado de ese lugar, o directamente el rey o una persona con autoridad superior lo mandaba a matar, porque decía: "Si no hubiera sido por él, yo seguiría tranquilo en mi situación de bienestar. Pero como él vino y me dio una mala noticia, merece morir por la angustia que trajo a mi corazón".

Y muchas veces, las mujeres somos como esa reina o autoridad cuando alguien nos viene a decir: "Sabes, vi a tu marido ayer en la noche y...". ¿Y qué hacemos frente a esa confesión? Comenzamos a pensar: *Esa mujer es una rompe parejas, no me soporta, me tiene una envidia tremenda y por eso me vino a decir esa mentira.* Y lo que estamos haciendo es negar nuevamente la realidad.

Puede que no te gusten las noticias que te traigan y a veces hasta pueden ser mentiras, pero no mates al mensajero.

Sin embargo, como te digo siempre, querida mujer, las heridas del engaño pueden sanarse. Tal vez, enterarte de una mentira te trajo un sentimiento de permanente expectativa y de temor y estás a la espera de la próxima mentira. Estás aguardando que esa persona que te mintió vuelva a hacerlo en cualquier momento. Ya no estás tranquila como antes, ya no sabes si ese hombre te está diciendo la verdad o te está mintiendo, no sabes si creerle o no, no sabes si te está ocultando algo. De este modo, vives y estás a la expectativa porque no sabes cómo protegerte.

Necesitas saber que adentro tuyo están las fuerzas necesarias para sobreponerte a la mentira.

Tienes que comenzar a recuperar la confianza; pero no la confianza en el otro, sino la confianza en ti misma. Pase lo que pase en tu vida, tienes que saber que cuentas con los recursos para no quedarte en la mentira y para lograr aquello que te propongas.

Además, quiero pedirte que no tomes ninguna decisión hasta que no estés preparada para hacerlo y, por sobre todas las cosas, no permitas que nadie te presione. Si lo haces bajo presión, la decisión que tomes tal vez te lleve a peores situaciones que las anteriores.

Dispón del tiempo necesario para tomar la mejor decisión de tu vida. Tienes derecho a preguntarte qué es lo mejor que puedes hacer por ti misma. No te preguntes qué es lo mejor que puedes hacer por él, o por tus hijos, o por tu familia, sino qué es lo mejor que puedes hacer por y para ti, porque si no empiezas por ti, todo lo demás no va a servir.

Comienza por ponerte en primer lugar cuando tengas que tomar una decisión importante y eso afectará también positivamente a quienes te rodean.

Eres una mujer libre, cuentas con el potencial necesario y puedes lograr todo lo que te propongas. Puedes ser una mujer de excelencia y llegar tan lejos como quieras.

Y, querida amiga, quiero decirte que no hay libertad sin conocimiento de la verdad. No hay manera de que puedas declararte libre hasta que no conozcas toda la verdad de tu vida. Conocer las mentiras que te rodean es conocer la verdad.

No tengas miedo de salir de la cárcel, no le tengas miedo a la libertad, no le tengas miedo a descubrir cosas. Vas a vencer la mentira y serás libre, y una vez que lo seas podrás decidir qué es lo mejor para tu vida.

El Señor afirma los pasos del hombre cuando le agrada su modo de vivir; podrá tropezar, pero no caerá, porque el Señor lo sostiene de la mano. Salmos 37:23-24

13

SOY UN MANOJO DE NERVIOS

Una mujer alterada es alguien que por una o varias razones no disfruta de la vida. Para esta mujer, la existencia se ha transformado en una carga pesada, levantarse en la mañana ya no es tan lindo como cuando era adolescente y tenía que ir a encontrarse con alguien. Ahora, levantarse es una carga que se ve y se siente en todo su cuerpo, un pie le pide permiso al otro para poder empezar a caminar.

De un momento a otro sientes que tu cabeza está por estallar, se te acumularon tareas, pensamientos, emociones, obligaciones, y llega un momento en que explotas y dices: "¡Estoy loca!", a lo que los demás te responderán: "Esta es una loca, siempre explotando". En esas circunstancias será necesario poner el pie en el freno, porque sino la vida se tornará en una carga. Y si esto es lo que te está pasando, es tiempo de preguntarte: ¿qué puedo hacer para simplificarla? ¿Cómo puedo hacer para que esto tan difícil se transforme en algo sencillo?

Nuestra vida no debe ser una carga pesada de sostener, ni una mochila que tienes que cargar sobre tus hombros, ni que llegue cada noche y estalles en gritos o mal humor porque vivir se hace insostenible.

El problema que muchas veces tenemos las mujeres es que COMPLICAMOS TODO. Preguntamos todo el tiempo: "Pero ¡¿cómo puede ser esto que me dijo?! ¡¿Cómo me pudo contestar así?!". Y buscamos una explicación para todo y le damos vueltas y vueltas a cualquier palabra y a todas las conversaciones.

PEDIMOS OPINIÓN A TODOS MENOS A NOSOTRAS MISMAS, Y ESAS VOCES AJENAS TERMINAN ATURDIÉNDONOS Y ALTERÁNDONOS AL FINAL DE CADA DÍA. SIN DARNOS CUENTA, LE DAMOS LUGAR A LA DUDA Y ENTRAMOS EN UNA CARRERA DE INCERTIDUMBRE Y AGITACIÓN MENTAL QUE NO CESA. NUESTRA MENTE NO DESCANSA Y ESO REPERCUTE EN NUESTRAS ACTIVIDADES DIARIAS, ESPECIALMENTE EN NUESTRO HUMOR.

Quizá le reclamaste a tu pareja que no te regalaba flores, que nunca se acordaba de ti y que se olvidaba de las fechas importantes de la relación. Entonces, al día siguiente, este hombre que recibió todas las demandas decide aparecer en tu casa con un ramo de flores... y le dices impetuosamente: "Ahora no vale porque yo te lo pedí. ¡Tiene que ser espontáneo!".

Las mujeres complicamos las cosas que son mucho más fáciles de resolver de lo que creíamos. Generalmente nos quedamos empantanadas en el cómo, en el por qué y en el cuándo. Así como también en muchas otras ocasiones nos alteramos porque "prestamos oído" a todo lo que nos dicen los demás.

Entonces, ¿qué deberíamos hacer para ponerle freno a nuestra mente y lograr vivir en paz con nosotros mismas y con los que están a nuestro alrededor?

En primer lugar, debemos sanar nuestra autoestima. ¿Te pasó alguna vez que te paraste frente a un aparador y pensaste: *Qué linda ropa, ¡cómo me gustaría tenerla! ¡Qué hermosos zapatos! ¡Y ese bolso...! Pero esto no es para mí"*.

Observaste, lo apreciaste, pero después te descalificaste. Entramos a los negocios para mirar diferentes cosas, pero decimos: "YO NUNCA LO VOY A TENER". Lo miramos, lo tocamos, lo disfrutamos, pero nunca lo poseemos. ¿Cuántas cosas hay que, desde joven, miras, tocas y disfrutas con los ojos, pero nunca las posees?

¿Acaso eres de esas mujeres que tienen grandes sueños, pero nunca los concretan? Se quedan en los sueños, porque es más fácil vivir en el sueño y piensan: *Da cosa, no creo que me merezca ese sueño. Es tan grande... Me gusta tanto acariciarlo y pensar en él, pero solo eso: pensarlo y desearlo.*

Creemos que ese sueño no está a nuestra altura, todo es muy lindo, pero sentimos que nada es para nosotras. Y así es como vivimos poniendo excusas, nos descalificamos y comenzamos a echarle la culpa a los demás.

Y así vamos creciendo y formándonos cada día:

"No lo merezco".

"No puedo hacerlo por las circunstancias económicas por las que vive el país".

"No puedo porque mi marido no me deja".

"No puedo comprarme esa ropa porque le tengo que comprar la ropa a mis hijos".

"NO PUEDO, NO PUEDO"

Ante esas ocasiones en que exclamas, "No, eso no lo puedo hacer", pregúntate: "¿Cómo que no lo puedo hacer, si ya lo hice antes?". ¿Por qué ahora consideras que no lo puedes hacer?

LE DAMOS MÁS IMPORTANCIA A LAS VOCES AJENAS QUE A LAS PROPIAS. SOMOS CRÉDULAS CON LOS DEMÁS, PERO INCRÉDULAS CON NOSOTRAS MISMAS. Y ASÍ ES COMO COMENZAMOS A DEJAR PASAR LA VIDA Y SOLO NOS QUEDAMOS MIRANDO. NO NOS DAMOS CUENTA DE QUE AQUELLA QUE DICE "NO PUEDO" TERMINA SIN PODER ALCANZAR LO QUE DESEA.

¿Y sabes dónde están los gigantes? ADENTRO DE TI, NO AFUERA.

Yo te pregunto: si no vas a atreverte a hacer cosas nuevas, ¿qué sentido tiene tu vida? ¿Sabes quiénes son las mujeres que verdaderamente tienen victorias? Aquellas que lo intentan. Que no te dé vergüenza, si lo intentaste y te fue mal, debes seguir adelante y felicitarte porque saliste a hacerlo, te animaste y tuviste valor para accionar. Piensa todo lo que ganaste, aunque no hayas obtenido el resultado que estabas esperando: conocimiento, más capacidad, voluntad, dominio propio. ¿Cuántas cosas lograste en tu pasado que te parecieron imposibles de alcanzar?

¿Qué importa si pasó mucho tiempo y ya no tienes la misma edad? Hoy, con la edad que tienes, estás mucho mejor establecida. Eres una mujer de determinación y de convicción.

Recuerda que todo empieza por dentro (no por fuera), y uno gana la batalla adentro y no afuera. La pelea primero se gana matando al espíritu de víctima, el "no sé", el "no puedo", el "nunca lo voy a lograr", el "estoy vieja", aniquilando a esos gigantes que están dentro de ti.

No cedas, no regales, no sueltes lo que te pertenece. Piensa cuántas cosas hiciste en tu vida que no pensabas llevar a cabo. Si tuviste capacidad para alcanzar esa meta, también vas a tener capacidad para conquistar todo lo que te propongas.

Cada vez que quieras o no quieras algo, tienes que aprender a luchar por ello. Cuando tengas un deseo en tu corazón y sepas que quieres alcanzar algo bueno en la vida, debes luchar, aunque tengas los ojos tapados, la boca sellada, las manos atadas y no te puedas levantar de tu silla, igual tienes que luchar por tus sueños.

Solo aquella mujer que sabe pelear por sus sueños tiene la victoria. Visualiza tu sueño, dibújalo, mírate en él.

Todo aquello que veas con tus ojos, lo tienes asegurado para tu posesión en un cien por ciento. Piensa a lo grande y sin límites.

Ese es tu destino.

La lengua que brinda alivio es árbol de vida; la lengua perversa deprime el espíritu. Proverbios 15:4

14

SIEMPRE SOLA

La mayoría de las personas le tiene miedo a la soledad porque creen que las consume.

¿Cuántas mujeres, aunque estén casadas y tengan hijos, se sienten solas?

En nuestra sociedad, las mujeres solas están estigmatizadas. Cuando se habla de una mujer sola se dice "la solterona", "la de carácter podrido", "la pobre viuda", "la tímida", "por algo se quedó sola", "a esta le falta un hombre que la haga feliz…".

Desde ahora, querida mujer, vamos a transformar la manera de entender la soledad. ¿Estás entre ese tipo de mujeres que con tal de no estar solas toman malas decisiones? Hay gente que "acumula" personas a su alrededor con el fin de espantar la soledad. Son mujeres con mucha angustia y que sienten intensamente la soledad. Por ejemplo, los domingos por la tarde, en un horario en particular, sienten una depresión de aquellas... una soledad impresionante.

¿Conoces personas que para no sentirse tan solas encienden la televisión desde que se levantan hasta que se acuestan? Tienen la televisión encendida para escuchar voces y sentir que hay otros a su alrededor. Otros dejan la radio prendida todo el día y comienzan a hablarle al locutor, como si los escuchara, y sienten que no están tan solos.

Muchas mujeres fuerzan a otros a estar presentes en su vida: llaman a cualquier persona por teléfono, al marido, a los hijos, a la amiga, a quien sea. Constantemente necesitan hablar con alguien para no sentirse solas. Quizá conozcas ese tipo de personas que para no sentirse solas se quejan todo el tiempo, siempre tienen algo que reclamar. Dicen: "¡Me voy a quejar para que alguien me escuche, para que alguien me conteste!".

DEBEMOS COMENZAR A ENFOCARNOS EN LO QUE HAY ADENTRO NUESTRO PARA PODER PERDERLE EL MIEDO A LA SOLEDAD Y NO PERMITIRLE QUE NOS CONSUMA.

También encontramos a quienes mendigan compañía, pero que no están hechas para mendigar NADA. Quienes lo hacen, no saben qué hacer con la soledad que los envuelve. Desconocen que una persona que está sola puede sentirse plena y pasarla muy bien. Como esas mujeres que están sedientas de compañía y comienzan a mirar hacia afuera, a ver quién les puede dar lo que necesitan, a qué lugar pueden ir para que les den esa compañía que están buscando. Eso está muy bien, pero hay algo mejor que buscar compañía en la gente.

Tienes que saber que aunque hoy te parezca que estás sola, mañana llegará una compañía. La vida se vive en ciclos: hoy estás con alguien y mañana, quizá, esa persona ya no esté a tu lado.

Hay tiempos. Tiempos para quitarte de la pobreza, tiempos para la familia, tiempos para que hagas ese negocio que siempre soñaste. Por eso, no desmayes, no bajes los brazos.

¿Sabes qué significa la palabra "desmayar"? Perder el valor, desfallecer de ánimo, acobardarse. Puedes decirme: "Se me hace duro, se me hace difícil. A veces me cuesta, estoy en casa y siento que nadie me ama. Siento que hablo con las paredes". Y yo te respondo: "NO desmayes". ¿Cuántas mujeres han vivido diferentes dolores en su vida?

Todas sabemos lo que es el dolor, ¿no es cierto? Y no queremos pasar por él. Lo negamos como cuando tenemos que pasar por el medio de una tormenta; pero no olvides que la tormenta lo que hace es mojar la semilla. Hay una semilla dentro tuyo que tiene que ser regada por las tormentas a las que te enfrentará la vida para que dé su fruto.

¿Te suena conocido?: "¿Cómo es que estoy pasando por esta situación? No lo puedo creer, ¿cómo es que a mí me está pasando esto? ¿Cómo llegué hasta aquí? ¿Cómo me metí en semejante deuda? ¿Cómo me metí en semejante problema? ¿Qué hago ahora? ¿Qué hice mal? ¿Cuál es el error que cometí para estar ahora mendigando?".

Pero es un ciclo de la vida. Todas atravesamos por ciclos en la vida. Hay mujeres que tienen serios problemas económicos, pero después se levantan... y vuelven otra vez al ciclo de la pobreza.

Ciclos de celos. Ciclos de desconfianza. En esos momentos te aíslas y eso también implica soledad. En medio de tu dolor aparece la soledad, y dices: "Mi marido no me entiende, mis hijos me juzgan".

CUANDO ESE CICLO DE TU VIDA SE REPITA, TE VAS A LEVANTAR CONTRA TI MISMA. SABRÁS ALZAR LA MIRADA Y SUPERARLO PORQUE ERES TÚ LA QUE ESTÁ PELEANDO. TIENES QUE CONOCERTE ÍNTIMAMENTE Y NO QUIERES HACERLO, PORQUE COMO TE LASTIMARON Y TE HIRIERON, NO QUIERES ESTAR DESNUDA DE TUS EMOCIONES Y DE TUS PREJUICIOS Y DECIR: "ACÁ ESTOY".

Hay tiempo para estar con la gente, hay tiempo para estar con los hijos, hay tiempo para estar con el esposo, hay tiempo para estar con los amigos, pero hay tiempo para estar a solas. Si no aprendes a tomarte tiempo para estar contigo misma, siempre vas a temer a la soledad, porque ella va a venir en cualquier momento.

¿Sabes cuál es el problema? La gente que se siente sola ha "soltado" a la gente que la ha herido y se quedó ahí en la nada, no avanzó. Por eso, la soledad es triste. Algunas veces atrapa a las personas porque han "soltado" y se olvidaron de subir. Lo único que han hecho es soltar y se han quedado en la nada, y comienzan a llorar sus penas. Pero cuando tú sabes que alguien te traicionó y "sueltas" a esa persona, dices: "Yo no voy a quedarme en la nada. Voy a comenzar a subir, cada vez voy a ir más alto".

Quiero decirte que te vas a encontrar con distintos niveles de amor. Esa gente a la que estás aferrada y crees que te va a dar todo, puede soltarte.

Cuando sueltas a la gente que te hirió, la que no te entiende, la que te abandonó, pero te quedas ahí, estás en medio de la nada sin decidir ningún cambio. Ya sabes lo que te pasa: te deprimes, te angustias y la soledad te traga. ¡Vamos! Puedes decir: "¡No me quedo acá! ¡Este no es mi lugar! Mi lugar es arriba". Tienes que seguir y empezar a subir un nuevo escalón.

Muchas mujeres capitalizaron la soledad y dijeron: "No me quedaré en este círculo para lamentarme de mi soledad, para quejarme de las heridas o para mirar cómo otras mujeres tienen compañía y yo no".

Tienes que decirte convencida: "Voy a atravesar este ciclo. En otras ocasiones pasó y esta vez también pasará. Solo es una tormenta que está nutriendo la semilla, un ciclo para estar a solas y subir un escalón más".

No se preocupen por nada; más bien, en toda ocasión, con oración y ruego, presenten sus peticiones a Dios y denle gracias. Y la paz de Dios, que sobrepasa todo entendimiento, cuidará sus corazones y sus pensamientos en Cristo Jesús. Filipenses 4:6-7

15

MIS HIJOS NO PARECEN MÍOS

¿Cuántas de nosotras tienen hijos que están en problemas, o conocemos hijos de otras que lo están? ¿Te pasó que tus hijos parecían transformarse en extraños y dejaste de reconocerlos? No creemos ni entendemos lo que estamos escuchando o viéndoles hacer y eso nos desorienta, especialmente en la adolescencia.

Como estamos desorientadas no sabemos cuál es la respuesta correcta, cuál es la actitud que debemos tener frente a ellos ni cuál sería la palabra más útil que les podemos decir para superar el momento de crisis que atraviesan. No sabemos cómo hacerlo y nos angustiamos, nos deprimimos y reprochamos todo el tiempo la clase de madres que somos.

Lamentablemente, nadie nos forma para ser madres, y nuestros hijos pasan por distintas crisis: rebeldía, malas compañías, adicciones, cárcel, bulimia y anorexia, depresión, esquizofrenia u otras enfermedades mentales, y embarazo adolescente. Todas estas crisis nos generan angustia y muchas veces no sabemos cómo trabajar con cada una de ellas.

Querida mujer, frente a las crisis de los hijos podemos responder de dos maneras básicas.

- Con autocompasión: consiste en sentir lástima por ti misma. Te empiezas a preguntar: "¿Qué hice para merecer esto?". "¿Qué hice para tener un hijo así?". Cuando las madres no sabemos dar respuestas apropiadas, recurrimos a estas preguntas comunes que son una herencia familiar. Tal vez se las escuchamos decir a nuestras mamás o a una tía. Entonces, repetimos preguntas ajenas como si fueran nuestras, y eso no soluciona las crisis de nuestros hijos. Podemos vivir quejándonos y sintiendo lástima de nosotras mismas, pero todo lo que digamos no solucionará la crisis.

La autocompasión no soluciona el problema de tus hijos. En cambio, lo que puedes decirte a ti misma es: "Soy inocente".

- Con crecimiento: nuestro hijo no es el único que está en crisis. Cuando un hijo está así, toda la familia también lo está. El problema es que el hijo sabe que tiene que crecer y madurar, pero no nos damos cuenta de que también nosotros tenemos que hacerlo.

CÓMO AYUDAR A NUESTROS HIJOS

Quiero compartir algunas sugerencias para ayudar a nuestros hijos que están en problemas.

- **Asumir el rol de oyentes.** No es fácil ser buen oyente, especialmente cuando sentimos que nuestros hijos se están equivocando y tomando decisiones erradas. Ellos necesitan a alguien que los escuche, que entienda sus porqués, sus sensaciones o sentimientos de fracaso cuando dicen que no van a poder salir adelante. Alguien tiene que registrar su ira, su dolor, sus miedos. Los buenos oyentes no dan respuestas totalitarias, y eso es lo que más nos cuesta a las mujeres. Cuando nos están contando algo, los interrumpimos y empezamos a dar respuestas y soluciones.

LAS MUJERES TENEMOS LA TENDENCIA A APURARNOS CON LAS RESPUESTAS Y ESO ENOJA A NUESTROS HIJOS, PORQUE SOLO NECESITAN QUE CERREMOS LA BOCA, QUE NO OPINEMOS NADA Y QUE NO LES DEMOS NINGUNA RESPUESTA.

Recuerda siempre que cuando escuchamos a otro, esa persona se siente importante. Escuchar a nuestros hijos no significa que vayamos a ceder en los límites que les pusimos, ni a nuestras ideas o principios; seguimos manteniendo el límite, pero eso no quiere decir que no los podamos escuchar. Simplemente lo que estamos haciendo es dejar todo para prestarles atención.

Escuchar significa que no les vas a solucionar su conflicto, sino que estás disponible. Los chicos no quieren que le soluciones el problema, sino que los escuches.

- **Sé una mamá cuidadora.** No seas mamá de medio mundo, sé mamá de tus hijos y asume solo con ellos el rol de cuidadora. Esto implica que los hijos necesitan límites a cualquier edad, pero nunca olvides que el límite se pone siempre con mucha autoridad y con mucho amor.

No puedes tratar mal a tu hijo ni descalificarlo con palabras ofensivas, incoherentes, obscenas o malas. Ellos están acostumbrados a tratarse entre pares de esa manera porque es su código, pero tú como mamá no puedes hablarles en esos términos. Por eso, tu hábito tiene que ser poner el límite con respeto y con amor. Debes decirle lo que consideras apropiado y lo que no.

¿Te cuesta aceptar que tu hijo está en crisis? Acéptalo y conoce en qué está, no lo niegues ni lo disfraces. Hay mamás que no saben y también hay mamás que no quieren aceptar, por ejemplo, que su hijo es alcohólico.

¿Acaso no conoces madres que para no asumir que sus hijos están pasando por un problema les echan la culpa a las amistades? Antes de que tus hijos tengan malas compañías, tuvieron la compañía de tu casa, la tuya, la de tu pareja, la de sus hermanos. Asume que algo tienes que hacer. Es tu hijo o hija el que está pasando por esto y lo que necesitas es buscar la ayuda correcta.

Otras mujeres que no imaginaban que podía pasarles a ellas, esta situación les trajo desilusión, y muchas veces les provocó un rechazo hacia ese hijo: "Tenía la ilusión de que mi hijo sería superinteligente en la escuela, que nunca me iba a traer un problema, que sería una buena compañía".

NO HAY HIJOS PERFECTOS PORQUE TAMPOCO HAY PADRES PERFECTOS.

Entonces, si tenemos en claro que ni tú ni tus hijos son perfectos, tienes que asumir el rol de madre perdonadora. Perdona a tus hijos porque no son lo que soñaste y porque tal vez no están haciendo lo que tú querías que hicieran.

Tu hijo no tiene que ser como tú quieres que sea. Quizá eligió un camino que nunca hubieses elegido, o quizá optó por el mismo camino que tú elegiste. No es fácil, pero por eso tenemos que asumir el rol de perdonadoras y decir: "Yo te perdono por esto que estoy sintiendo".

Es importante perdonar, porque cuando lo hacemos soltamos al otro. Muchos hijos han tomado una actitud extrema porque tal vez fue la mejor manera de pedir auxilio; porque cuando lo hicieron de otras maneras no tuvieron resultado, y en esa situación rebelde tenemos que estar los padres.

Cuando perdonamos comenzamos a desprendernos de nuestros hijos. Ese desprendimiento debería ocurrir desde que los hijos nacen, porque en el nacimiento se desprenden de tu cuerpo. Es un proceso natural que comienza en ese momento y que debería ser constante: cuando los dejamos solos, cuando están al cuidado de otras personas, cuando salimos, cuando ya no les damos pecho y comenzamos con el biberón, cuando los llevamos a la escuela y están cuatro o cinco horas con otras personas, en todos esos momentos vamos realizando el desprendimiento.

Cuando perdonas, lo que haces con ellos es desprenderlos de ti, de tus emociones y sentimientos, de todos los sueños y deseos que tenías para ellos, dejándolos vivir la vida que ellos quieren vivir.

Recuerda que perdonar es "soltar". No puedes vivir toda la vida cargándolos, así ni tú ni ellos van a poder caminar, porque se asfixian y cada hijo tiene que subir al monte llevando la carga de sus propios errores.

Y no te olvides de esto: para que tus hijos sean felices, necesitan verte feliz a ti.

Ya te lo he ordenado: ¡Sé fuerte y valiente! ¡No tengas miedo ni te desanimes! Porque el SEÑOR tu Dios te acompañará dondequiera que vayas. Josué 1:9

16

MI VIDA ES UNA MONTAÑA RUSA

¿Sientes que todo está fuera de control y que no hay nada ordenado en la casa, en el trabajo, en la familia?

¿Sientes que no puedes pensar con claridad o que hace tiempo estás estancada en un mismo problema al cual no le encuentras solución? Entonces, la pregunta que deberíamos formularnos es: ¿dónde empieza el caos?

El caos comienza en la mente. Nuestra mente tiene una función: hablarnos con insistencia. Puede tomar cualquier asunto, algo muy tonto, y transformarlo en algo muy importante.

Puede decir: *Atención, acá hay un problema, una crisis*. Y tal vez es una tontería, pero tu mente quiere hacerte creer que todo es peligroso o importante. Esta forma de funcionar crea pensamientos de ansiedad y cientos de mensajes que no te sirven.

Seguramente, al revisar el buzón de tu casa, encuentras correspondencia importante, pero también otra que no sirve en absoluto, son esos papeles que rompes sin mirar porque son los mismos de siempre.

El problema de las mujeres ansiosas es que no pueden discriminar entre la correspondencia importante y la que no lo es, entre el pensamiento importante y el que no sirve. Y pretenden resolver todo a la vez; pero tengo que darte una noticia: ¡no podemos resolver todo de una sola vez!

Entonces, pongamos en práctica algunas claves que te ayudarán a deshacerte del caos:

- **Mira solamente el arco.** Los que saben de fútbol dicen que el entrenador les enseña a los jugadores que para hacer un gol no tienen que mirar a los palos del arco ni al arquero, sino que deben concentrarse en su objetivo: meter la pelota en el arco.

Por eso, a partir de hoy necesitas concentrarte en una sola cosa. Si tienes muchos problemas, elige uno para comenzar a resolverlo, porque no eres la "mujer maravilla" para solucionarlos todos en un instante. Concéntrate en el problema que elegiste y hasta que no venga la respuesta no lo sueltes, no lo dejes inconcluso, no pienses en otro, porque si comienzas y no lo terminas, te vas a sentir frustrada por no haberlo solucionado.

- **Piensa que no siempre tienes la razón.** Cuando nos "nos hacemos la cabeza", es decir, cuando nos obsesionamos con algo, estamos cayendo en una trampa mental en la que vemos complicadas algunas cosas que verdaderamente son sencillas.

ES IMPORTANTE QUE ATIENDAS UNA SOLA COSA. DE ESA MANERA DAS CLARIDAD Y OPORTUNIDAD A TU MENTE PARA PENSAR Y TOMAR DECISIONES CORRECTAS. DESDE EL MOMENTO EN QUE LOGRES PONER CLARIDAD A TU MENTE, TODO TU CAOS SERÁ RESUELTO RÁPIDAMENTE.

Todas las mujeres que amamos a un hijo, a una pareja o a nuestra familia queremos que ellos sean felices. El problema es que deseamos su felicidad de acuerdo con nuestro criterio, por eso vemos su vida como un caos y estas situaciones nos generan ansiedad.

Sin embargo, no siempre tenemos razón. Tal vez, tu hijo o tu marido están funcionando como ellos quieren y no como tú quieres. Que las cosas funcionen de acuerdo al deseo de los demás no quiere decir que sean un caos, sino que ellos también están buscando su propia felicidad.

Querida mujer: cuando quieras ayudar a alguien, tendrás que preguntarte si quieres asistir a esa persona o si simplemente vas a imponerle algo. Es tiempo de que puedas renunciar a querer tener el control de todo y de todos.

No impongas tus ideas, todo no puede marchar a tu ritmo, el otro solo está haciendo lo que quiere y eso no significa que su vida sea un caos, simplemente está siendo feliz.

Ten compasión de la gente y deja que vivan como quieran.

- **No te enojes con los cambios.** El caos llega porque no queremos aceptar los cambios. Sin embargo, quiero decirte que siempre los habrá; aunque nos gustaría retener los tiempos de felicidad, eso es imposible.

Alguien dijo una vez que lo único constante es el cambio. Nuestra vida, la de nuestra familia y la de los demás atraviesan cambios a cada momento. Nadie puede ser feliz las veinticuatro horas del día, a menos que asuma que en su vida atravesará cambios, a los cuales tendrá que adaptarse y tendrá que superarlos

LA FELICIDAD ES CUESTIÓN DE MOMENTOS. RECUERDA UN MOMENTO DE TU VIDA DONDE TE SENTISTE VERDADERAMENTE FELIZ. ¿CUÁNTO TIEMPO DURÓ? UN INSTANTE.

Ahora piensa en tu crisis, en tu caos. ¿Cuánto crees que va a durar? Solo un momento. Tu deuda, tu tristeza, tu duelo durarán solo un instante porque vas a volver a levantarte y vendrá otra vez un momento de felicidad para tu vida.

Cuánto más rápido asumas y enfrentes el tiempo de cambio, más rápido podrás vivir otro momento de felicidad.

La vida no la puedes evitar, y a veces no puedes elegir qué situaciones enfrentar, pero ¡si puedes elegir el resultado!

Si buscas problemas, conflictos, lamentos, crisis... los demás vivirán de la misma manera, pero si tienes buen ánimo y buscas la paz vas a contagiar a todo el mundo.

Nuestra actitud siempre determinará la actitud de los demás.

No busques pelea ni rencores, busca la paz y síguela, y ella te seguirá a ti y a los tuyos.

Eres una mujer hecha que tiene la capacidad de cambiar la atmósfera que hay a tu alrededor y transformar todo lo que te rodea. Cuando llegues a una bifurcación en el camino, tómala, porque estás hecha para los cambios que te conducirán a la felicidad.

17

PELEADA CON EL ESPEJO

¿Sentís que en tu cuerpo hay alguna marca que te distingue de los demás y que por años te prohibió disfrutar de ir a fiestas, a eventos o acaso a una piscina? ¿Piensas que todo el mundo está mirando esa marca a la que tú llamas "defecto"?

¿Cuál crees que es tu peor defecto, acaso una mancha en la piel, un ojo desviado, algún tic nervioso?

Hoy vamos a pensar juntas, querida mujer, que lo que por años creíste que era un defecto hoy puede ser tu marca única y registrada, a la cual aprenderemos a sacarle provecho.

Todas tenemos algún defecto o algún tic que nos caracteriza, ya sea en nuestro cuerpo, en nuestro modo de hablar, de gesticular o de movernos, y que es nuestro sello propio. A muchos de ellos solemos llevarlos bien, sin embargo, hay otros que se nos hacen una carga pesada de llevar.

Hay gente que piensa que aunque el defecto es muy pequeño la van a rechazar, a cerrar la puerta o hasta abandonarla. Y es debido a esa vergüenza que muchas mujeres prefieren ocultar su defecto y encerrarse. Sin embargo, esta realidad que están viviendo puede ser revertida. Lo primero que necesitan para lograr cambiar estas emociones es reconocer cuáles son los síntomas de la vergüenza para que, una vez identificados, puedan refutarlos.

- **La vergüenza frenará tu potencial.** ¿Qué significa esto? Tal vez en algún momento de tu vida intentaste alcanzar un sueño o una meta, pero debido a la vergüenza que sentiste por la burla de los demás ante tu defecto, te resultó difícil volver a intentarlo, y así es como guardaste tus sueños en un cajón.

- **La vergüenza te llevará a aislarte y esconderte, y no te dejará brillar.** Lo único que querrás es escaparte a donde nadie te vea. ¿Por qué? Porque las mujeres creemos que solo nosotras tenemos defectos y dependemos permanentemente de la opinión de los demás.

Ahora, detente a pensar por un momento: ¿Qué pasaría si ese defecto que crees que tienes lo tuviera todo el mundo? ¿Cómo te sentirías? ¿No piensas que seguramente pasaría desapercibido?

¿Qué pasaría si vivieras sola en una isla y tuvieras ese defecto? No habría ningún problema, te pondrías el traje de baño que siempre quisiste, te vestirías con ese color de *jeans* que hoy no te animas a ponerte, andarías descalza sin temor a que nadie critique los dedos de tus pies.

Entonces, te pregunto: ¿no será que te estás creando un problema por lo que dicen los demás y no por aquello que piensas que es tu defecto?". Seguramente es así, pero como te dije al comienzo, todo lo que nos avergüenza podemos transformarlo a nuestro favor.

Tal vez, querida mujer, te preguntes cómo hacerlo. Es simple: pon en práctica el siguiente paso a paso, que sé que te va a ayudar:

1. APRENDE A REÍRTE DE TI MISMA

Cada vez que te ríes de un defecto, lo que estás haciendo es restarle importancia. Verás que cuando comiences a reírte, empezarás a sentirte fuerte.

¿Sabías que está comprobado científicamente que la risa tiene el poder de curar enfermedades? Es tiempo de que, a través de tu risa, puedas curarte de toda la vergüenza que te causaron esos comentarios acerca de tu defecto y puedas vivir libre de esa "enfermedad".

2. HABLA BIEN DE TI MISMA

Además de reírte de tu defecto, cuando comiences a hablar bien de ti misma y a decirte palabras que te hagan sentir bien, vas a poder aceptar el defecto que te acompañó durante todo este tiempo. Y así lograrás que nunca más te moleste y puedas transformarlo en una característica distintiva y no en un defecto que te inhiba.

3. NO TIENES QUE DAR MÁS EXÁMENES DELANTE DE NADIE

La mayoría de las mujeres nos caracterizamos porque estamos continuamente buscando dar explicaciones de todo: por qué pasó lo que pasó, por qué las cosas no salieron como queríamos, por qué lo hicimos mal, y la realidad es que tu explicación a nadie le importa.

HAY MUJERES QUE SE PRESENTAN ANTE LOS DEMÁS Y SACAN DE SU CARTERA UNA LISTA DE SUS DEFECTOS Y DE TODOS LOS ERRORES QUE COMETIERON, O DE TODO LO MALO QUE LES PASÓ EN LA VIDA, Y ADEMÁS NUNCA SE OLVIDAN DE COMENTAR TODO LO QUE NO SON O TODO LO MALO QUE TIENEN.

Pero quiero decirte, querida mujer, que no es necesario que digas nada de eso. No te formes una mala imagen de ti misma delante de los demás, permite que el otro cree su propia imagen de ti, y cuando lo haga, recuerda que no tienes que rendir examen frente a nadie.

Muchas mujeres se acostumbraron a creer que para tomar decisiones necesitan la aprobación de alguien más, mayormente de un hombre. No hacen nada por sí solas, no deciden hasta no tener el "sí" de otra persona y, cuando lo hacen, siguen esperando la aprobación a cada paso que dan. Y es por eso que nunca emprenden nada nuevo, porque como su decisión depende de los demás, nunca pueden agradar o estar de acuerdo con todo el mundo.

4. LA VERGÜENZA SIEMPRE TE VA A ESTRECHAR

La vergüenza estrecha las emociones, y por pensar todo el día en el defecto no haces otras cosas. Cada vez que te concentras en tus defectos lo único que logras es que se noten más. Necesitas tener la mente ocupada con cosas que te ayuden a crecer, a extenderte hacia un nuevo horizonte.

Es tiempo de que salgas a la luz. Se terminó la época de estar escondida detrás de la vergüenza, oculta debajo de un montón de ropa por un defecto que lo único que significa es que eres una mujer única e inigualable. Una mujer con una característica especial que la identifica.

Es tiempo de que te des a conocer, de que derribes esa valla llamada "aprobación", porque si ya te aprobaste, entonces no necesitas la aprobación de nadie más.

Ya estás aprobada y calificada para ser una mujer de éxito. ¡Es tiempo de empezar!

"Todo aquel que en él creyere, no será avergonzado".
Romanos 10:11 (RVR-60)

18

TENGO EL ÁNIMO POR EL PISO

Todas las personas vamos a tener nuestra oportunidad en la vida, nuestro tiempo justo para lograr nuestras metas. Todos: desde los más pequeños a los más grandes.

Hay mujeres que dicen: "Ya no tengo ganas de vivir", "Termina el año y no tengo expectativas ni esperanzas para el año que viene", "No tengo muchas metas, no me he propuesto muchas cosas", "Este fue un año más, no hubo grandes transformaciones en mi vida, no hubo cambios", "La verdad es que no tengo ganas de nada: ni de encontrarme con nadie, ni de iniciar el año, ni de ponerme metas ni objetivos".

¿En qué áreas de tu vida sentiste que fracasaste? ¿En qué aspectos experimentaste una especie de tristeza porque no alcanzaste lo que esperabas? Tal vez en el área emocional lograste algo positivo, pero no en el económico. Quizá tus logros fueron en el aspecto económico y no en el área física; tal vez alcanzaste algo positivo en el área espiritual, pero no en el emocional. Siempre que hacemos un balance conseguimos muchas cosas, pero otras no; entonces nos evaluamos y nos sentimos fracasadas.

Hay dos momentos en la vida: uno en el que aprendemos y otro en el que somos nosotras quienes tenemos que disponernos a hacer, a movernos.

Tal vez digas: "Perdí este año en el que podría haber hecho este negocio", "Perdí este año en el que podría haber formado una pareja". La única posibilidad de fracaso es rendirse y decir: "No lo intento más", "No lo hago más", "No me interesa más".

Lo que hoy no te salió, lo lograrás mañana. Hoy no te fue bien, pero mañana sí. Hoy las cosas no fueron como imaginabas, pero mañana saldrán como lo soñaste.

Necesitas saber que tu preocupación solo atraerá más de lo mismo. Es tiempo de que comiences a ocuparte y a dejar las quejas a un lado.

Si algo te salió mal, no te sientas fracasada, hazlo otra vez y prepárate para lo mejor. Lo que tardó tanto tiempo en ocurrir, lo que no te pasó hasta hoy, comenzará a pasarte, y todo lo negativo se transformará en algo positivo. Pero no te detengas, sigue insistiendo.

LA ÚNICA MANERA DE FRACASAR ES CUANDO NOS RENDIMOS. TUS METAS Y TUS SUEÑOS SE VAN A CUMPLIR CUANDO TE MUEVAS. NO TE PREOCUPES POR EL TIEMPO, ¡MUÉVETE!

Hay tiempos que nosotros no controlamos, en los cuales suceden imprevistos, situaciones que nunca imaginamos que nos ocurrirían, o resultados que esperamos que lleguen y pareciera que no se concretarán jamás. Pero hay tiempos que sí manejamos, y ese es el tiempo de nuestra acción.

Hay un tiempo que debes determinar, y ese será el momento en que comiences a tomar decisiones para que llegue a tu vida lo que buscas y quieres.

Vuelve a ocupar el lugar que te mereces. Permanece afianzada en el sitio donde las cosas pasan y suceden. Tal vez estuviste en lugares donde no quisiste, quizá te encontraste en situaciones que no te gustó vivir, a lo mejor te "agarraste" broncas que no querías. Por eso es tiempo de que comiences a decidir por ti misma, por lo que te da vida: alegría, resultados.

Aprende a estar activa. No te conformes con menos, muévete hacia lo mejor. Y todo lo que sueñes lo alcanzarás.

El Señor mismo marchará al frente de ti y estará contigo; nunca te dejará ni te abandonará. No temas ni te desanimes. Deuteronomio 31:8

19

LO QUE EMPIEZO, NO LO TERMINO

Una mujer con agallas conquista todo lo que se propone. Es una mujer que, por más que tenga miedo ante las circunstancias que vive, las enfrenta con coraje y valor. ¿Te consideras una mujer con agallas? ¿Crees que puedes desafiar tus propios miedos?

No hay mujer en este mundo que no tenga algún sueño y que, en un momento determinado, sienta miedo de ir en su búsqueda. Probablemente nadie dé un centavo por ese sueño, por tu sueño, pero tienes que pararte y defenderlo porque es tuyo y te corresponde ir a ganarlo.

Quizá tu sueño, o lo que pides para tu vida, los demás lo vean como algo ilógico, pero a pesar de ello sabes que la victoria te pertenece, y debes pararte firme, decidir, accionar y reclamarla hasta que se haga una realidad.

Si no defiendes lo que es tuyo, ¿quién lo va a hacer? Nadie va a pelear por conseguir tus sueños, no hay persona que luche tus batallas por ti. Si no defiendes lo que consideras valioso, ¿quién lo hará?

MUJERES CON VALOR

Había una vez un zorro que vio una manzana colgando de un árbol; era la última que quedaba, y dijo: "¡Sí! Esta manzana es para mí". Se acercó para agarrarla, pero descubrió que la manzana estaba muy alta y que, con solo estirarse, no iba a poder alcanzarla. Entonces, después de pensarlo unos segundos, dijo: "No, esta manzana todavía está demasiado verde, mejor no la como".

A muchas mujeres nos pasa exactamente lo mismo que al zorro: en vez de buscar la forma de lograr lo que queremos, nos alejamos poniendo excusas y encontrándole defectos a nuestro sueño. Ante la primera dificultad nos sentimos intimidadas y bajamos los brazos, es decir, nos retiramos rendidas.

Querida mujer: no es cuestión de poner excusas y rendirnos ante la primera dificultad, porque si lo hacemos nunca vamos a lograr sentirnos plenas con nuestra vida.

Antes de darte algunos *tips* o consejos para convertirte en una mujer con agallas, indaguemos más sobre este término.

¿Qué quiere decir la palabra "agallas"? Al investigar, descubrí que tiene varios significados. Uno se refiere a las branquias de los peces, y otro se aplica a árboles y vegetales que al ser atacados por determinados parásitos, forman unas protuberancias, a veces blandas y otras más duras, con el fin de defenderse.

Te invito a que te preguntes cuáles son los parásitos que están atacando tu vida. Tal vez hayas encontrado muchos a tu alrededor, personas que quieren robar todo lo bueno que tienes. Por eso es que tendrás que desarrollar las agallas necesarias y suficientes para que ninguno pueda quitarte lo que hay adentro tuyo: la capacidad, el valor, las ganas, el entusiasmo, el deseo, la autoridad y la pasión por la vida.

Si quieres evitar que estos "parásitos" entren en tu vida, vamos a mencionar algunas características de las personas con agallas.

- **Identidad:** ¿quién soy? Esa es la primera y más importante pregunta. La mujer que sabe quién es y qué es lo que quiere puede salir exitosa de cualquier situación. La identidad es saber afirmarte como persona, como mujer, recordarte cada día quién eres y por qué haces lo que haces.

- **Toma de decisiones:** las mujeres con agallas no dejan que las decisiones las tomen otros. Ellas las toman activamente en sus vidas y eligen bien con quién las consultan antes de tomarlas. No esperan la afirmación de nadie para decidir algo. Querida mujer: ¿a quién consultas cuando debes tomar decisiones?

- **Seguridad:** otra de las características salientes de este tipo de mujeres es que están seguras de sí mismas, saben quiénes son, cuáles son sus debilidades y fortalezas y están cómodas con ellas mismas. La seguridad en tu identidad te hará confiar más en tus instintos y en tus propias decisiones.

Una mujer segura de sí misma es aquella que en muy pocas ocasiones tiene problemas personales con los otros.

- **Humildad:** la seguridad "en extremo" puede ser un problema si queremos vivir en la realidad. De todas formas, humildad no significa ser siempre la última, sino estar consciente de nuestro valor y tomar decisiones con base en ello.

- **Saben adónde van:** al que no sabe adónde va, no hay camino que le sea productivo. Por eso, para no distraerte con los "parásitos" del camino, tienes que saber bien hacia dónde te diriges. Tener en claro tu llamado también te ayuda a no usurpar ni entrometerte en el terreno de nadie.

- **No competir más que con uno mismo:** no compitas ni con hombres ni con mujeres. No te olvides de que puedes brillar con la luz que tienes en el lugar que está destinado para ti.

- **Inteligencia emocional:** las mujeres con agallas saben que hacer sentir bien al otro ayuda a establecer relaciones sanas y productivas. Saben utilizar la empatía para comprender qué le pasa al otro y para ayudarlo como les sea posible. Este punto es de suma importancia porque te ayuda a establecer conexiones de oro. La gente que ayudes hoy, seguramente estará a tu lado para ayudarte en el futuro, y si no es así, no te preocupes, porque vas a sentirte bien con solo ayudarlas.

- **No subestiman la fuerza del enemigo:** si "bajas la guardia", ante algunas personas que son los "parásitos", van a atacarte sin pensarlo dos veces. Por eso nunca debes subestimar a los que consideraste dentro del grupo de "parásitos": gente que te envidia, que quiere tu puesto, que quiere tu familia; a todas ellas no puedes dejarlas entrar a tu círculo íntimo, ni por lastima ni por ningún otro motivo.

No estás por debajo de nadie, toma coraje y enfrenta tus propios miedos e incertidumbres. En la vida nada es seguro, y en lo único que puedes confiar es en que harás todo lo posible para alcanzar tus sueños y defenderlos con todas tus fuerzas. No eres la víctima de nadie, mucho menos de tus inseguridades. Libérate de los miedos porque son creación de tu cerebro.

20

¿POR QUÉ MIS HIJOS REPITEN MIS ERRORES?

¿Sentiste alguna vez temor cuando viste a tu hijo haciendo lo mismo que hacías tú a su edad? ¿Pensaste y tuviste temor porque al verlo crecer dijiste: "Es igual a mi papá y se va a equivocar en lo mismo"? O: "Es un 'cabeza dura', igual al padre".

Seguramente sí, y es que la gran preocupación que tenemos los padres es que nuestros hijos repitan nuestra historia. No queremos que sufran como nosotros y, por ende, tratamos de hacer de todo para evitarlo.

Frente a estos miedos que sentimos como papás nos mantenemos siempre alertas analizando las conductas de nuestros hijos. Vivimos mirándolos, observando si se van a equivocar, si van por el camino correcto o no. Los evaluamos, estamos "encima de ellos", les damos sermones: "No hagas esto o aquello", "Te lo digo porque yo ya lo pasé", "Hazme caso, ya tuve esa experiencia", y cientos de dichos como estos.

Lo que sucede es que muchas veces vemos en nuestros hijos características similares a las nuestras, en la forma de ser o en sus reacciones, y decimos: "Reaccionas como lo hacía yo cuando tenía tu edad". Los comparamos en temperamento, en impulsividad, si tienen un "carácter difícil" o si "son apasionados" como nosotras o no lo son.

Como mamás no queremos que repitan formas de pensar erróneas, que nos hicieron sufrir demasiado. Por eso es que cuando los vemos o los escuchamos diciendo las mismas cosas que nosotros dijimos, lo asociamos con nuestro pasado y nos entra el temor de verlos fracasar.

En esos momentos les decimos: "Yo pensaba igual que tú y así me fue", "Yo también era confiada, y por creer en todo el mundo me estafaron". Y así estamos todo el día, pendientes de que no repitan nuestra historia sin darnos cuenta de que con esas declaraciones los empujamos a que sí lo hagan.

Ponemos tanto énfasis en lo negativo que nuestros hijos comienzan a dudar de sí mismos. Es como cuando a un niño le decimos muchas veces "no toques eso"; seguramente irá a tocarlo porque justamente el "no" lo hará sentir ganas de hacerlo.

El énfasis que ponemos en lo negativo hace que predispongamos a nuestros hijos a repetir nuestros errores, porque nuestra propia esclavitud los terminará esclavizando a ellos.

NECESITAMOS SABER QUE REPETIR LO NEGATIVO, UNA Y OTRA VEZ, INCENTIVA AL OTRO A HACERLO, A QUERER SABER QUÉ ES LO QUE HAY ESCONDIDO EN AQUELLO QUE NO QUIEREN QUE HAGAMOS.

Lo importante para que nuestros hijos sean felices es tener en cuenta y ser conscientes de qué es lo que les estamos transmitiendo. Recuerda: "La libertad de mis hijos depende de que yo sea libre".

El tiempo de adaptación, cuando comienzan el jardín de infantes, coincide con el tiempo en que la madre decide y acepta que el niño ya está listo para quedarse en el jardín. Hay madres que están quince o veinte días en la puerta de la escuela para ver qué es lo que le pasa a su hijo, si se adapta o no. Y el niño, al saber que su mamá está en la puerta, sigue llorando. Al encontrarse con la maestra, le dirán que la culpa es del niño que no se adaptó, o que no le gusta lo que la maestra le propone, pero el problema es que es la mamá quien no lo quiere soltar.

LA LIBERTAD DE MI HIJO DEPENDE DE MI LIBERTAD. SI UNA MAMÁ ESTÁ SEGURA Y CONFÍA EN SU HIJO, SERÁ CAPAZ DE "SOLTARLO" PARA QUE PUEDA COMENZAR A VIVIR. SIN EMBARGO, CUANDO NO LO ESTÁ, LO SACARÁ DEL JARDÍN DICIENDO QUE NO ES EL MOMENTO, QUE NO SE ADAPTÓ. SIN EMBARGO LA QUE NO SE ADAPTÓ AL NO TENER EL NIÑO A SU LADO ES ELLA.

Como mamás o papás es importante entender lo que le transmitimos a nuestros hijos, y saber que aquellos mandatos verbales que hablamos a diario se harán propios en sus vidas.

¿Te pasó que cuando eras chica tus padres te decían "no hay plata, no hay plata" y hoy te encuentras diciéndole lo mismo a tus hijos cuando, quizá, sí hay plata? Allí lo que ocurre es que decidiste que no estás de acuerdo en ese gasto. El tema es que la mentalidad de "esclavitud económica" la heredaste de tus padres, y hoy, sin darte cuenta, sigues repitiendo el mismo modelo. Aunque tienes dinero, tu mente sigue viviendo en esclavitud. Si tu mente está atada a la enfermedad, tus hijos no serán libres para pensar en salud porque creerán que tarde o temprano la enfermedad llegará a ellos.

Una madre tiene la capacidad de abrir el plano mental de sus hijos y, aunque haya vivido experiencias tristes de esclavitud, puede brindarle una mentalidad amplia para que no tengan que repetir sus errores.

UN ROL DIFÍCIL Y MARAVILLOSO

Muchas mamás piensan que diciendo palabras de castigo y de temor, sus hijos no repetirán sus errores. ¿Recuerdas lo que muchas madres y abuelas decían antes? "¡Dios te está mirando... está viendo lo que haces... Dios está en todos lados...!", y el pobre niño crecía con miedo a Dios.

Muchas veces tratamos a nuestros hijos como lo hicieron con nosotros, y queremos enseñarles lo que nos enseñaron; y como no entendemos lo que ellos viven, les transmitimos nuestros miedos diciéndoles: "Dios te va a castigar", "Dios se va a enojar", y los llenamos de culpa y temor.

Hoy somos nosotras las que primero tenemos que cambiar nuestra mentalidad. Como mamá, descubrí cuál es el camino para nuestros hijos: esa es la tarea de madres y padres. No se trata de tu camino sino del camino de tu hijo.

"Instruye al niño en su camino, y aun cuando fuere viejo no se apartará de él", dice un proverbio de la Biblia. Entonces, ¿cómo hacemos para conocer el propósito de nuestros hijos? Todas las madres vemos hermosos a los hijos. Tus hijos tienen un propósito y es por eso que son hermosos, no solo porque físicamente lo sean, sino porque nacieron con una meta que tienen que desarrollar antes de morir. Todos nacemos para dejar huella. Es por eso que debes mirarlos no con una mirada acusatoria, sino con una mirada de propósito.

La pregunta correcta que deberíamos hacernos es: ¿cómo tengo que criar a mi hijo? Porque el primer hijo no es igual al segundo, ni al tercero ni al cuarto, y mi hijo no es igual al hijo de mi amiga ni al de mi hermana.

Nuestro hijo es único y hay algo especial, una manera única para ayudarlo a vivir, la que nosotras como mamás estamos capacitadas para descubrir. Con el tiempo te darás cuenta de que no hay una regla general: tu hijo y la forma en que vas a validarlo son únicas.

Instruye a tu hijo en su camino, no en el camino de los demás ni en el que fue el tuyo. Nuestros hijos nos tienen que superar. De generación en generación debemos aprender a superarnos. Alégrate cuando logren más que tú, cuando sean mejores. Valora los pasos que dan, aunque sean pequeños, y ayúdalos a que día a día puedan superarse a sí mismos.

Tus hijos están destinados a alcanzar el éxito, ayúdalos a vivir sanamente y en libertad.

21

¿ACASO SOY INVISIBLE? NADIE ME ENTIENDE

¿Quieres comunicar lo que te pasa, pero muchas veces te encuentras con una pared y le dices al otro: "No me entiendes lo que te estoy diciendo", y el otro termina dándote un consejo que no tiene nada que ver con lo que tú estabas diciendo?

Hay gente que no te va a entender nunca, que no quiere entenderte porque no le conviene. Y otros que no te pueden entender porque están "en otra onda". Querida mujer: si no te entienden debes preguntarte dónde está el error.

El error puede estar en lo que dije, en que no lo comuniqué bien. Puede estar en la persona a la que se lo dije, que tal vez fue la persona incorrecta; o también el momento en que lo dije. Ahí es cuando las mujeres fallamos porque, por ejemplo, les hablamos a nuestros maridos cuando están mirando fútbol o su programa de televisión, o a tu hijo cuando está chateando. Así no dará resultado.

Debes aclarar tus pensamientos. Ponerte de acuerdo contigo misma, dejar de ser una persona dividida y empezar a ser una persona íntegra. Una persona dividida es la que dice una cosa y a la media hora dice otra. Si no eres íntegra, estarás dividida internamente y tu mente se partirá en dos: "Hoy quiero tener casa, pero mañana no quiero".

Es tiempo de ponerse de acuerdo con uno mismo: ¿qué es lo que quieres en la vida? Cuando te levantes por la mañana pregúntate: ¿qué es lo que quiero que me pase en el día? Desea algo y, cuando termines el día, lo verás cumplido. Si no te pones de acuerdo, a la mañana vas a querer una cosa, a la tarde otra, a la noche otra, y vas a terminar el día frustrada echándole la culpa a cualquier cosa.

SÉ PERSEVERANTE Y CONSISTENTE CON LO QUE PIENSAS. CUANDO TE EQUIVOQUES, RECONOCE TUS ERRORES, CAMBIA Y HAZ LO CORRECTO.

Cuando tenemos un objetivo claro tenemos que buscar conexiones de oro, hacer algo para conectarnos con aquellos que ya alcanzaron lo que tú quieres hacer. Debes tener un objetivo, porque tendrás que enfrentarte a esa conexión de oro, y cuando lo hagas deberás saber de qué hablar y qué pedir, de lo contrario habrás perdido la oportunidad.

Todos tenemos oportunidades, pero las perdemos, porque cuando llega el momento adecuado no tenemos claro lo que queremos. A veces solamente queremos que nos entiendan, pero no queremos entender a nadie. Siempre creemos tener la razón, pero no siempre es así porque hay otra gente que también la tiene y debemos hacer el esfuerzo de entenderla. Nuestras actitudes demostrarán que estamos haciendo un esfuerzo por comprender al otro.

Cada vez que quieras algo vas a tener que demostrar qué actitud hay en tu forma de ser, qué actitud hay en tu corazón. Una actitud puede cambiar a tu familia, a tu matrimonio, a tu hijo. Un abrazo que le des a alguien, aunque te haya hecho lo peor, que no te haya entendido nunca, una actitud diferente, puede traerte aquello que tanto estás esperando.

Vamos, inténtalo en este orden: primero, entiéndete a ti misma y conoce hacia dónde vas, y después trata de entender al otro, al que tienes al lado, a tu familia y a aquellos que te han dañado. No para que vuelvan a lastimarte, sino para ser sabia, para saber cómo actuar. Si hoy estás peleada con tus familiares, esa pelea la va a cambiar tu actitud. No es una actitud servil, sino ir adelante y decir: "Vengo a pedirte perdón" o "Vengo a traerte un regalo y quiero decirte que me perdones, que te perdono. Me olvidé de aquello que me hiciste".

Si quieres que la gente te entienda, tienes que empezar por entenderla. Esa mamá que te lastimó también sufrió, y tienes que dejar de verla como si fuera la mala de la película y bajarla a la realidad. Ese marido que te lastimó, también sufrió. No te olvides de que puedes tener una actitud de perdón hacia él, y cuando lo hagas, te liberarás.

NO SOLAMENTE TIENES QUE LOGRAR QUE TE ENTIENDAN, SINO TAMBIÉN TENER LA CAPACIDAD DE APRENDER A ENTENDER A LOS DEMÁS Y SABER QUE LA ACTITUD CORRECTA TE DARÁ PODER. TODO LO QUE QUIERAS QUE LOS DEMÁS HAGAN CONTIGO, HAZLO TAMBIÉN CON ELLOS.

No te desesperes, no te angusties si alguien no te entiende. Busca adentro tuyo porque ahí está la respuesta que necesitas para triunfar en la vida.

Tienes la integridad para lograr los objetivos que te propongas, la facultad para determinar qué quieres, de manera que vayas directamente al blanco.

Párate con actitud adelante de todo el mundo, conociendo y defendiendo claramente tus objetivos.

Yo te instruiré, yo te mostraré el camino que debes seguir; yo te daré consejos y velaré por ti. Salmos 32:8

22

NO RECONOZCO MI CUERPO, ¡ESTOY ENVEJECIENDO!

La crisis del paso del tiempo nos ocurre a todas las mujeres, pero no es el fin del mundo: estamos entrenadas para las crisis. Hemos pasado por muchas en la vida: nacimiento, adolescencia, matrimonio, maternidad, probablemente divorcio, y problemas económicos.

¿Alguna vez te preguntaste de dónde proviene el miedo al paso del tiempo?

En el siglo XVIII la sociedad estaba dividida en pobres y aristócratas. Aparece la burguesía y surge la necesidad de formar familias fuertes. Se decía que la mujer que no se casaba siendo joven iba a perder su belleza, que era pasajera. Las mujeres debían ser fieles, engendrar muchos hijos (sin protestar, porque esa era su función en la sociedad) y someterse al esposo.

Las mujeres tenían miedo de quedarse solteras y sin hijos, porque si esto sucedía eran catalogadas de "viejas". En esos tiempos se empieza a valorar a la mujer como un número, un dato, y si no cumplía con el mandato establecido, no servía para nada. Se inicia así el pensar en la edad como una enfermedad incurable. Entonces, al pasado lo vemos como algo hermoso y libre por tres motivos:

1. Porque cuando contamos algo no nos acordamos de los disgustos que tuvimos en esa época.

2. Porque lo recordamos sin el temor que nos provocaban determinadas situaciones.

3. Porque sabemos que ya lo superamos y nos sentimos y estamos seguras.

No le tememos al pasado, pero sí al futuro. Como el futuro no llegó, lo que vendrá es una carga de inseguridad muy grande. Hoy sabemos que esto no es así y que mientras haya vida tendremos tiempo de alcanzar todos nuestros sueños. Cuando este es nuestro pensamiento no le tememos al paso del tiempo, porque hemos aprendido a vivir y a crecer, hemos superado diferentes crisis, tuvimos muchas alegrías; pero también sabemos que los mejores momentos, los mejores logros, aún están por venir. Hemos almacenado experiencia, conexiones, decisiones, hemos afirmado nuestro carácter para que lo mejor esté llegando a nuestra vida.

Tengamos en cuenta algunos principios para no tenerle miedo al paso de los años y poder vivir cada día con pasión.

- **Soy demasiado vieja para tener miedo:** si quieres, di que eres vieja. Pero yo te pido que no le temas a la edad; el pasar por situaciones difíciles te habilitó para el presente. Aprende a vivir sin miedo.

- **Tengo que aprender a decir "aún":** "Aún estoy viva", "Aún estoy fuerte", "Aún tengo ganas", "Aún sale el sol", "Aún tengo tiempo". Es importante que no renuncies a la vida antes de tiempo: cada minuto te pertenece. Tu vida y tu futuro están en construcción. Debemos aprender a desarrollar veinte años más de vida. Si tienes veinte piensa qué serás a los cuarenta, si tienes sesenta, cómo serás a los ochenta. No sigas caminando sin planificar, proyecta sueños grandes y traspasarás esa edad.

- **Debo ser mi propia admiradora:** cuando te sientas con el ánimo por el piso, no esperes a que otros digan: "¡Qué bárbaro lo que hiciste!", "¡Qué linda estás!".

Cada mañana levanta tu ánimo diciéndote: "Aún estoy viva y tengo vida para hacer algo grande, conozco mis capacidades y sé hasta dónde llegaré". Acéptate incondicionalmente de la misma manera en que lo haces con mucha gente. No pierdas la oportunidad de felicitarte cada día, aunque otros no lo hagan.

- **No estás para llenar un espacio:** no eres la actriz de reparto en la película de otra persona sino la protagonista de tu vida.

"Tengo hijos, tengo nietos, ahora los veo crecer y los disfruto". Disfruta todo lo que quieras, pero recuerda que tu vida no se terminó y tienes que vivirla. No te quedes al costado observando cómo viven los demás. No protagonices tu vida con los títulos de tus hijos o nietos, habla de ti, de lo que estás alcanzando.

No entregues tus proyectos o sueños a otros. Mientras estés viva, estarás vigente para hacer lo que soñaste. Hasta el último minuto de tu vida produce, suelta sueños. El tiempo de la vejez es para soltar algo más.

Sé protagonista de tu propia vida. Hay cosas que todavía no pasaron, pero estás creciendo, formando un carácter firme y fuerte para no caer, fortaleciendo tu interior, porque lo que viene es bien grande.

Suelta tu sueño y mírate allí. No te preocupes por cosas vanas y sin sentido, avanza, porque hay sueños y oportunidades en abundancia.

Proyéctate y te aseguro que cumplirás todos los deseos de tu corazón.

23

SI YO HABLARA, ¡ESTALLARÍA TODO!

Me he encontrado con muchas mujeres que, aunque sus problemáticas son diferentes, el motivo de dificultad o de ahogo que sienten es siempre el mismo: no poder decirles a los que están a su alrededor lo que están pensando o sintiendo de lo que están escuchando; o, aún peor, de la situación que están viviendo.

La mayoría de estas mujeres vive agobiada, cansada de la vida y llega a la conclusión de que no sabe o no puede disfrutarla.

¿Te parece familiar el tema? ¿Sientes que estás más angustiada que nunca y que no llegas a conocerte? Realmente, ¿sabes qué es lo que quieres para tu vida y lo que estás esperando que suceda?

Muchas veces creemos que la felicidad vendrá más adelante; nos preparamos para ser felices en el futuro. Estamos tan sumergidas en la vorágine de la vida cotidiana que perdemos la noción de qué es lo que nos pasa y no nos detenemos a pensar en nada, lo cual se transforma en un mecanismo de defensa, pero que, llegado un momento determinado, igual termina explotando en angustia o depresión.

Si no nos detenemos a pensar qué queremos, ¿cómo vamos a poder decir lo que pensamos y liberar nuestra carga si ni nosotras mismas lo sabemos?

Otra característica que identifica a estas mujeres es que suelen dar demasiada importancia a la opinión de los demás. Es tanto lo que les importa el "qué dirán", o no causar un problema, o un cambio de opiniones, que siempre aceptan lo que los otros dicen, inclusive de ellas mismas, y toman esa opinión como si fuera "palabra santa", sin darse cuenta de que no le están dando valor a su propia vida.

El vivir pendiente de las voces ajenas y de lo que ellas desean y esperan de nosotras hace que perdamos la capacidad de escucharnos, hasta tal punto que nos cuestionamos si aquello que pensamos es nuestro pensamiento o el que nos fueron diciendo y remarcando y aceptamos como propio.

GUARDAR TANTO ADENTRO NUESTRO ES SUMAMENTE TÓXICO, Y A CORTO O LARGO PLAZO TERMINA POR ENFERMARNOS.

Me gustaría que te tomes unos minutos para pensar en las siguientes preguntas:

¿Cómo te definirías en diez palabras?

¿Te guías por cómo te ven los demás?

¿Qué es lo que quieres lograr a largo plazo?

¿Sientes que estás haciendo algo para llegar a ese objetivo?

¿Tienes en la semana un momento para dedicarte a ti misma?

¿Sientes que estás guardando cosas que te angustian pero que no las puedes decir? ¿Tienes deseos que ni siquiera te dices a ti misma?

¿Te tomas tiempo para meditar qué es lo que te está pasando y cómo seguir adelante?

Querida mujer: quizá no hayas podido llegar a dar una respuesta concreta a algunas de estas preguntas, pero no te preocupes, porque hay cosas que no se pueden definir de un día a otro.

Aprender a escuchar nuestra voz interior no es algo que se logra en segundos, menos si lo habíamos rezagado en nuestra vida. Pero a partir del momento en que sepas qué es lo que quieres alcanzar o ser, es muy importante que puedas ponerlo en palabras.

PARA NUESTRA FELICIDAD ES CLAVE "PONER EN PALABRAS" LO QUE QUEREMOS, POR MÁS LOCO QUE PAREZCA.

Hay distintas formas de decir lo que uno quiere, y todo dependerá de la postura en que nos predisponemos al hablar. A continuación, enumeremos cuatro posturas que resultan negativas para nuestro crecimiento:

- **La víctima:** como carece de la capacidad de expresar lo que desea, lo dice de forma indirecta tratando de generar culpa en el otro. Es esa mujer que en vez de decir: "Necesito un descanso", dice: "Siempre tengo que estar al servicio de los demás, sacrificándome por todos sin poder descansar". Ella misma pasa a llamarse "una", y en vez de hacer lo que le hace bien o decir qué es lo que necesita, busca que el otro se lo ofrezca por medio de culpas.

- **La que da vueltas:** nunca pero nunca dice algo directamente, da vueltas y vueltas hasta marearse sin llegar a ninguna conclusión y mucho menos a decir qué es lo que quiere o necesita. Tampoco va a exponerse, ya que tiene tanto miedo de lo que digan los otros que no muestra lo que realmente piensa.

- **La que dice lo que quiere o desea, pero se enferma:** somatiza todo lo que le pasa. Cuando tiene un problema, en vez de expresarlo con palabras, sube la temperatura, tienen un ataque de tos o alguna otra enfermedad.

- **La mujer que come (literalmente) sus palabras:** ¿cuántas veces, tras una pelea, habrás ido a la heladera en busca de algo dulce? ¿Cuántas veces pasas por situaciones problemáticas y en vez de hablar, te llenas de comida? Muchas mujeres tienen este problema que se convierte en un círculo vicioso: ante la ansiedad de comer vuelven a hacerlo, y eso puede derivar en problemas físicos y emocionales.

¿Qué es lo que estos modelos tienen en común? Que no pueden expresar lo que quieren, no lo pueden decir, y para comunicarse utilizan la culpa y las indirectas.

Si te sentiste identificada con alguno de estos tipos de mujer, te voy a dar algunos consejos que te van ayudar a salir de ellos.

El que pide, recibe. Si no pedimos lo que queremos, ¿cómo vamos a recibirlo? Ya estuviste haciendo unos ejercicios para pensar en qué anhelas, ahora el nuevo ejercicio va a consistir en ¡comenzar a pedirlo!

Deja de lado la pasividad. No podemos estar posponiendo el decir lo que nos pasa, no hay un momento justo para hablar. Muchas mujeres dicen: "Ya llegará mi momento, ya me va a tocar". Pero eso nunca sucede, la mayoría de las veces somos nosotras quienes tenemos que generar la oportunidad para lograr lo que queremos. No esperes más, querida mujer, ¡tu tiempo es ahora!

- Deja de considerar a los otros como más importantes: no es sano que creamos que todas las opiniones ajenas son más importantes que las nuestras. Escucha tu propia voz y dale la importancia que se merece. Los demás no pueden intimidarte si sabes quién eres.

- Aprender a desafiarte: ¿Cuál es el límite adónde puedes llegar? Eso solo lo puedes decidir tú. Desafiarse a una misma es dejar de competir con el otro para competir con nuestra propia debilidad. Fija tus ojos en una meta y día a día ejerce un paso para acercarte a ella.

Querida mujer: aprender a escucharse a una misma no es sencillo, pero es el primer paso hacia la libertad.

Preguntarnos día a día qué es lo que queremos es darnos lugar como seres humanos que somos, como mujeres, para decidir sobre lo más importante que tenemos: nuestra vida y nuestro tiempo.

Si logramos aceptarnos, desterrar de nuestra mente todos aquellos pensamientos y modelos que ya no nos sirven, el cambio es inminente. No hay nada que nos ponga más feliz que poder soñar despiertas y después sorprendernos de lo lejos que hemos llegado.

Cuando ustedes digan "sí", que sea realmente sí; y cuando digan "no", que sea no. Cualquier otra cosa que digan más allá de esto proviene del maligno.

Mateo 5:37

24

NECESITO HACERME UN RETOQUE DE LA CABEZA A LOS PIES

¿Pensaste en hacerte una cirugía estética? ¿O te hiciste una y ahora estás pensando en hacerte otra? Te propongo que juntas pensemos en cuál es la motivación que hay detrás del deseo de hacernos una cirugía estética.

Los rastros que el tiempo deja en nuestro cuerpo son inevitables. Sin embargo, las mujeres creemos que tenemos la capacidad para hacer desaparecer las líneas de envejecimiento en cualquier parte del cuerpo, y mucho de lo que creemos se debe a que la sociedad nos convence de que con el paso de los años podemos lucir jóvenes. Es cierto que lucir bien nos da una agradable sensación de satisfacción y pensamos: "Si puedo estar mejor a través de una cirugía y puedo pagarla, ¿por qué no hacerlo?". Este pensamiento es válido y bien fundamentado.

Años atrás solamente las personas famosas acudían a las cirugías estéticas, y esta especialidad era privativa de una clase de mujeres que se dedicaba a la farándula o a mostrarse en los medios de comunicación, pero en la actualidad, todo el que pueda pagarla tiene acceso.

EL PROBLEMA SE ORIGINA CUANDO LA ACEPTACIÓN DE NUESTRO CUERPO DEPENDE EXCLUSIVAMENTE DE CADA RETOQUE QUE NOS REALIZAMOS Y DE LO QUE "EL GRAN JURADO" (LA VOZ INTERNA), EL ESPEJO, LA BÁSCULA Y LA SOCIEDAD DECLARAN DE NOSOTRAS.

Quiero decirte que todo lo que podamos hacer por nosotras mismas está bien, pero la clave está justamente en que sea "por" y "para" nosotras, y no como respuesta a voces obsesivas que se encargan a diario de decirte que en tu cuerpo y en tu mirada hay algo que hay que corregir.

El mensaje permanente es "ser más joven, más delgada, más bella y sentirte hermosa por siempre". ¿Y quién de nosotras no quiere tener todos estos atributos? ¿Quién no desea pertenecer a ese mundo donde los patrones o esquemas que se imponen son la belleza, la delgadez y la juventud?

Quiero contarte que las cirugías estético-reparadoras surgieron en la India en el año 600 a. C., con el fin de reconstruirle la punta de la nariz a aquellos hombres que la tenían amputada por haber sido infieles. ¡Imagina si esto se siguiera usando en la actualidad!

Después de la Segunda Guerra Mundial se perfeccionaron las cirugías estéticas para reparar los daños que habían sido causados como secuelas de la guerra. Y hoy, en la era de la posmodernidad, la belleza también se convirtió en una "guerra". El concepto es que, si soy bella (de acuerdo a los patrones culturales) tendré éxito. Sin embargo, pretender que el tiempo no pase es como si nos obligaran a ir en contra de la naturaleza.

UNA PREGUNTA DIFÍCIL

¿Qué es bello y qué no lo es? ¿Bajo qué parámetros o modelos los estamos evaluando? ¿Qué es una nariz linda? ¿Cuál es una cara bonita? ¿Cuáles son los pechos correctos? ¿Quién nos dice todo esto?

O acaso, ¿cuántas mujeres exitosas no tienen el cuerpo que creemos que es correcto y, sin embargo, son triunfadoras? Para no confundir nuestras motivaciones a la hora de tomar la decisión de cambiar alguna parte de nuestro cuerpo, debemos saber que ninguna de estas voces acepta el paso del tiempo como un hecho inalterable y descalifican a toda persona que haya pasado la barrera de los 35 años.

Tu estima no puede depender de la elasticidad de tu piel o de la cantidad de arrugas que se marquen en tus facciones, porque la cirugía estética terminará convirtiéndose en una adicción y en una nueva voz obsesiva que será la indicada de evaluarte según parámetros de belleza distorsionados. Por eso, antes de someterte a una cirugía, detente un minuto y pregúntate: ¿de dónde surge esa necesidad? ¿Es de un interior lastimado y herido por no tener el cuerpo que la moda y la sociedad exigen? ¿O quizá sea porque mi pareja se fue con otra mujer más delgada o más joven? ¿O simplemente nace del deseo de poder sentirme y verme mejor con los cambios que quiero hacer? ¿Qué es lo que me hace única? ¿Cuál es esa peculiaridad que me destaca? ¿Cuál es mi belleza?

De la hermosura del corazón habla nuestro rostro. Siempre nuestro exterior reflejará lo que tenemos dentro. Lleva toda tu vida con orgullo. Eres digna. Cambiar sabiendo quién eres y las metas que tienes no tiene nada malo. Aceptar el paso del tiempo es darnos cuenta de todo lo que hemos conquistado. Lo que todavía nos falta tomar y pensar siempre es que lo mejor aún está por venir.

Y Dios creó al ser humano a su imagen; lo creó a imagen de Dios; hombre y mujer los creó. Génesis 1:27

25

O SE VA ÉL, O ME VOY YO

¿Te preguntas cómo puedes mejorar tu vida matrimonial? Muchas mujeres creen que al estar casadas están atadas, como en una prisión. Pero eso no siempre es así. Hay parejas que ya no se disfrutan y no se soportan el uno al otro o se resignan a vivir de esa manera.

La pareja es para disfrutar y no para padecer. Todas las parejas pasamos por tres tipos de experiencias que van siempre juntas y que en un matrimonio deberían ser "por siempre" y "para siempre". Cuando nos conocemos todo es lindo, asombroso, todo lo que vemos y oímos de él nos gusta y estamos dispuestas a cualquier cosa. Ese es la etapa del descubrimiento. Después llega la conquista, ese periodo donde queremos compartir la vida con esa persona, pasar la mayor cantidad de tiempo juntos y disfrutar. Nos obsesionamos por conquistarlo y eso nos mantiene motivadas. Por último, la colonización, habitar con el otro, asentarse, echar raíces. El problema consiste en creer que estas etapas se dan una después de la otra, cuando en realidad ocurren en forma conjunta.

¿Crees que eres la misma mujer que al casarte? No, ya no eres igual porque transitaste experiencias y situaciones que te transformaron. Y tu marido tampoco es igual, y lo descubrirás con el tiempo: antes se cuidaba mucho, pero ahora no; antes tenía vitalidad y ya no.

Con el paso del tiempo, pareciera ser que la vida matrimonial se vuelve rutinaria, aburrida, sin atractivos. Hombres y mujeres adquieren fortalezas duras de quebrarse. Una de estas es la pasividad, y surge cuando las parejas no se mueven, no toman decisiones ni iniciativas, y hay que arrastrarlas para que hagan algo en sus casas o muevan un pie. Hay mujeres que dicen: "Quiero que mi pareja me mantenga", no asumen responsabilidades con sus hijos, no se hacen cargo, se conforman con lo que tienen y con lo que no tienen. Todo lo hacen en forma lenta y pausada porque cuentan con todo el tiempo para hacerlo. No hay motivación, ni ánimo ni energía, todo es rutinario.

No te olvides de que sin un proyecto no se puede avanzar. Al casarte decidiste compartir con esa persona el proyecto de vida: o van juntos o no van; a medias no se hace nada.

¡Quiebra esa fortaleza! Si él es pasivo, cambia tu rol, no esperes que él lo haga. Cuando cambies, él tendrá que moverse quiera o no, y si no lo hace, habrás ganado igual porque lo hiciste para ti. ¡No lo hagas por él!

Hay otras parejas que se denominan víctimas de las circunstancias y dicen: "Que cambie el otro", "Si el otro quiere, yo acepto", "Si él acepta hacer terapia, todo irá bien, porque el problema no es mío sino de él, que tuvo problemas en su infancia o con la esposa anterior, nadie lo comprendía, y como está herido, toda esa bronca la echa en mí", "Soy una pobre mujer". ¡No! En una pareja no hay un culpable y un inocente, ambos se eligieron para hacer algo juntos y llevar un proyecto adelante.

Otras parejas no pueden hacer nada juntas, no tienen proyectos, no saben compartir, todo es individual. Se unieron, pero no pudieron hacer participar al otro de sus proyectos, relacionarse a ese nivel. Los egoístas viven criticando porque se creen perfectos. Son peleadores, y como no saben compartir, creen que todo es para pelea, entonces discuten, gritan, insultan, humillan.

Ten presente que esas fortalezas: pasividad, ser víctima de las circunstancias y egoísmo, deben desaparecer de la vida de pareja, pero antes, para que esto pase, debemos reconocerlas. Debemos luchar por nuestras parejas, darnos ánimo, no puede ir "de mal en peor", no puede haber empezado bien y terminar mal.

NO QUIERAS CAMBIAR AL OTRO, PORQUE MIENTRAS MÁS INSISTAS, MÁS FIRME ESTARÁ EN SU POSTURA, CONDUCTA Y FORTALEZA.

Hay que transformar ciertos aspectos o conductas en la relación sin dejar de lado los sueños y los proyectos personales.

Ser feliz en tu vida de pareja debe ser el desafío de ambos. No te des por vencida, toma nuevos retos, renueva tu vida emocional, cree en ti y en tu pareja.

El momento donde "menos seria" tienes que estar es con tu pareja; aprende a divertirte y a disfrutar. El tacto es el lenguaje del amor, es lo primero que recibimos cuando nacemos: nos tocan, nos abrazan, nos acarician. Es la primera manifestación de amor.

Muchas veces las parejas dejan de tocarse, cuando en realidad ese contacto es una de las primeras semillas que debes plantar en tu pareja.

26

POR MI CULPA, POR MI CULPA, ¡POR MI GRAN CULPA!

¿Sabes que en la vida debemos poner límites? Un límite es la frontera que nos distingue como un ser independiente de los demás. Existen los límites y deben ponerse con seguridad, es nuestro derecho decidir.

Cuando pongo un límite le estoy diciendo a los demás la manera como quiero que me traten. ¿Sientes que si alguien te trató mal durante años no puedes ponerle un límite, especialmente si se trata de un familiar, y no hay motivos para seguir aceptando lo que te daña, aunque la persona se ofenda?

Al poner límites, no hay que ser antipática o tener mal carácter: puede hacerse con amor y con una sonrisa.

Tenemos derecho a decidir cuánta información personal queremos dar, y saber que si no queremos, no tenemos por qué hacerlo. Debes ser una mujer de fronteras fuertes, determinada y bien definida. Poner límites es cuidarse.

ANÍMATE A PONER LÍMITES, Y RECUERDA QUE SIEMPRE DEBEN PONERSE CON SEGURIDAD Y SIN CULPA. INCORPORA EL HÁBITO DE DECIR CON LIBERTAD: "NO ME DIGAS MÁS ESTO", "NO ME GUSTA", "NO QUIERO QUE ME TRATES DE ESTA MANERA", "NO QUIERO HACERLO PORQUE NO ME GUSTA" O "NO TE ACERQUES TANTO A MÍ, ESTE ES MI ESPACIO Y LO ESTÁS INVADIENDO".

Pedir lo que nos pertenece cuesta mucho, nos produce culpa y nos hace sentir incómodas. Por ejemplo, muchas chicas crecieron con el concepto de que si un hombre intentaba abusar de ellas, era su culpa. "Algo habrán hecho", se acostumbra decir.

Nos enseñaron que teníamos que ser buenas y no pelear con nadie, por eso aguantamos lo que no nos gustó.

Debemos saber qué decir, a quién y cuándo, no ser unas histéricas con mal carácter, pero sí decir lo que pensamos. No tenemos que soportar todo porque tengamos miedo de hablar o porque sintamos culpa, tampoco recriminarnos: "¡Cómo le dije eso!, "¡Cómo fue que lo hice!". Cuántas veces nos pasó de niñas que nos decían: "Dale un beso al tío".

¿Y por qué ese tío que tenía barba y bigotes tenía que besarte si no te gustaba? No nos permitían hablar porque solo lo hacían los adultos, y las mujeres crecimos con miedo a los límites.

El límite se pone al principio, se respeta y se sostiene porque de lo contrario luego costará más. No respondamos a todo "sí", porque más tarde será difícil decir "no".

Tenemos la capacidad de avanzar porque decidimos quiénes entran en nuestra vida, pero podemos retroceder y elegir a quienes no queremos que estén.

La mujer "culpógena" no tiene definido el modelo de mujer que desea ser, y en vez de imitar y copiar el tipo de madre y esposa que admira, repite el modelo de sus generaciones pasadas, mezclando las costumbres de su abuela, de su madre y lo que ella misma hace, no teniendo claro qué modelo es en realidad el que quiere.

NO SABEMOS QUÉ TIPO DE MUJER QUEREMOS O DEBEMOS SER, PERO NO COPIEMOS EL MODELO DE NADIE PORQUE SOMOS ÚNICAS.

Los hijos siempre te presionarán para que seas como "la mamá de...", pero diles: "No, porque si yo soy única, tú también lo eres".

Debemos ser determinantes, estar convencidas y saber qué queremos y hacia dónde vamos.

Decidiste vivir y no morir. Determina qué debes cambiar en tu vida para que sea agradable. Basta de cargar con culpas y de pensar "lo digo o no lo digo", "lo hago o no lo hago". ¡Basta de dar vueltas! Dale un corte a esas fábulas mentales que tienes. La mujer que se determina soltará poder.

Por años las mujeres hemos sido muy obedientes, buenas mujeres, simpáticas con todo el mundo, atendiendo a todos, tratando de buscar la paz a cualquier precio. Determina y enfócate en tus sueños. Si tienes claro hacia dónde vas, sabrás qué límites poner y a quién. Marca tus límites para que nadie más te lastime.

No hagas nada para agradar al otro, porque él te dominará y así te sentirás frustrada.

¡Basta de agradar a los demás! Hay un sueño en tu corazón. No te distraigas en los sueños de los demás.

Determínate, querida mujer, y recuerda cada día aquello por lo que estás luchando desde hace tiempo.

No te olvides de tu propio modelo de mujer, que te llevará a ser lo que quieres y no lo que esperan los demás.

27

ME SACRIFICO POR ELLOS Y ASÍ ME PAGAN

¿Cuántas hemos conocido a mujeres que se matan por lograr el reconocimiento de su familia, de sus jefes, de los que las rodean? Mujeres hambrientas de reconocimiento, sedientas por ser vistas y por un poco de atención.

A todas las mujeres nos encanta que nos reconozcan lo que hacemos, y eso no está mal hasta que se convierte en una obsesión, en tu "leit motiv".

Hay mujeres que se esfuerzan por agradar a los otros, van de un extremo al otro solo para complacerlos. Pero su principal problema no es que quieran agradar, sino que el "sacrificio" (innecesario) al que se someten es ahora parte de su identidad. Quieren demostrar a toda costa que son mujeres buenas y que valen. Están buscando validación, y a pesar de que con sus actos seguramente hayan demostrado que son sumamente capaces, nunca se dan cuenta por sí mismas.

Si este es tu caso, querida mujer, déjame decirte que no necesitas el reconocimiento de nadie, salvo uno: el tuyo. Con toda esa energía que gastas en tratar de satisfacer las expectativas de otros, ¿sabes lo que lograrías si la orientaras a hacer realidad tus sueños? Eres la única que puede reconocer tus sacrificios, date crédito por lo que haces, sé libre para aprender a disfrutar de tus logros.

Comencemos a practicar. ¿En qué eres buena? ¿Cuál es tu don predominante? Todas somos buenas en algo, solo tienes que descubrir para qué lo eres y habilitarte como mujer para hacerlo. Si te das libertad para reconocer las capacidades internas que tienes, valorar cada cosa que haces y felicitarte por ello, vas a estar cada día más cerca de la felicidad.

¿Te es muy difícil encontrar algo por lo cual felicitarte? Quizá sea porque para ti nada es lo suficientemente bueno.

UNA CARACTERÍSTICA COMÚN ENTRE LAS MUJERES QUE TIENDEN A BUSCAR QUE TODO SEA PERFECTO, ES VIVIR EN UNA INSATISFACCIÓN CONSTANTE ANTE TODO LO QUE LAS RODEA.

Para salir de este círculo vamos a comenzar por felicitarnos exageradamente por cosas pequeñas. Si logramos felicitarnos por cada logro, por más pequeño que sea, luego podremos darnos cuenta cuando hagamos algo de real significado para nosotras. Pero trata de no autofelicitarte delante de otros, hazlo en privado. No es cuestión de presumir o hacer alarde de tus logros, de lo contrario caemos en el mismo problema: la necesidad de que los otros nos feliciten, y eso no es lo que queremos.

Hay tres pasos básicos que nos pueden ayudar si queremos salir de este modelo mental que nos lleva a abandonarnos para hacer la voluntad de otros:

1. ABRIR LOS OJOS

Tenemos que despertar y ver nuestras propias capacidades. Conoce tus fortalezas y debilidades, concéntrate en tus fortalezas y dales "vía libre" para desarrollarse sin restricciones.

2. LEVANTARSE

Párate por encima de tus debilidades y date la validación necesaria para no depender más del "qué dirán".

3. CAMINAR

Tienes que caminar, paso a paso hacia tus sueños. ¿Cómo? Reconociendo tus logros, poniéndote metas y yendo hacia ellas un día a la vez.

Poder cambiar nuestras preocupaciones en acciones no es algo tan difícil como parece, y tú, querida mujer, puedes lograrlo... Aprendiendo a felicitarte por tus logros, dejando de lado el sacrificio y cambiándolo por un accionar sano y sin lastimarte. Verás cómo tu vida comienza a llenarse de energía.

Una cosa es que te esfuerces por lograr lo que quieres y otra muy diferente es dejar tu vida en ello.

Nada se acaba ni se termina, es un desarrollo y crecimiento permanente, ¡y tú puedes lograrlo!

28

SOY MUY CONTROLADORA

¿Sabías que las mujeres que se sienten y temen ser abandonadas tienen el "síndrome de la mujer araña"? En la vida hay personas que querrán herirte, que se levantan contra ti para degradarte, para acomplejarte, para entristecerte.

Querida mujer: debes enfrentarte a esas personas porque su objetivo es frustrarte y que nunca puedas desarrollar el potencial que hay en tu interior. Los reconocerás porque quieren que estés fuera de foco.

Tal vez sufriste algún abandono en tu vida y esa sensación de abandono que tienes ahora te hace ser una mujer que carece de confianza en sí misma, y hará que siempre te sientas sola y desprotegida. Nos enseñaron que el hombre era quien siempre nos tenía que proteger. Por ejemplo, si en la noche estás durmiendo con tu esposo y escuchas ruidos en la casa, es él el que deberá levantarse para enfrentar al ladrón. Tal parecer que la mujer siempre necesita ser protegida, cuidada. Entonces pagas cualquier precio, haces cualquier cosa para no sentirte abandonada, desprotegida.

Las arañas tejen una tela con hilos de seda, y muchas dejan en cada hilo unas pequeñas gotitas que son como un pegamento. Cuando los insectos entran en la tela quedan pegados, entonces la araña se acerca, los envuelve en más tela y los asfixia para después poder comerlos tranquila. Eso es lo que les ocurre a muchas mujeres que tienen el síndrome del abandono: tratan de usar cualquier estrategia para mantener a las personas a su lado.

Como consecuencia del amor insatisfecho, estas mujeres viven en una inseguridad afectiva permanente. Son esas mujeres que se preguntan todo el tiempo: "¿Me amará?, ¿no me amará". Son las mujeres que deshojan la margarita: "Me quiere, no me quiere, me quiere, no me quiere..."; pero nunca se convencen, viven en una angustia crónica. Como todos los días tienen angustia, sienten algo que no pueden explicar, tal vez no les falte nada, pero no pueden disfrutar por la gran tristeza y angustia.

Son esas mujeres que tratan de tener a todo el mundo pendiente de sus propias necesidades. Por ejemplo, si su pareja quiere ir a una fiesta con los amigos, ella trata de retenerlo y le dice: "No, hoy no me siento bien"; o también; "Mejor quedémonos en casa".

SON MUJERES QUE LES HACEN PAGAR A OTROS POR EL ABANDONO VIVIDO EN ALGÚN MOMENTO DE SU VIDA.

¿Cómo hacen para hacerles "pagar" a los otros ese dolor? Tiranizan a las personas. Les exigen todo el tiempo porque no quieren que nadie las abandone. Son esas mujeres que le dicen al marido: "Eres impotente", "Eres un inútil", "No sirves para nada"; molestan, son agresivas y desconfiadas. Son personas que quieren que le adivinen el pensamiento. Nunca dicen claramente lo que esperan de la vida ni lo que esperan del otro. Todo el tiempo ponen a prueba a los demás.

Las mujeres que tienen el síndrome de la mujer araña son personas egocéntricas: piensan siempre en ellas y todo tiene que ver con ellas. Son personas centradas en sí mismas, solo se miran el ombligo: "Esto me pasó a mí", "Yo tengo este problema". Además, son absorbentes y aspiran a compartir todo con el ser que aman, a saber todo de la otra persona, a enterarse de todo lo que hace, a hacerlo todo junto con él. Y quieren ser amadas de esa misma manera: total, absolutamente y para siempre.

Cuántas mujeres que conoces dicen: "Ahora que estoy embarazada, él no se puede ir con otra. Ahora tiene una familia, y con este hijo lo voy a retener". ¿Cuántas mujeres han quedado embarazadas con el propósito de retener a su pareja y no porque querían tener hijos?

Las mujeres que fueron rechazadas piensan que todos tienen la obligación de amarlas, y entonces, cuando conocen a una persona, se enamoran.

Hay muchas mujeres que tienen buenos deseos, pero están equivocadas en sus prioridades y dicen: "Voy a hacer esto para obtener tal cosa", y se les va la vida en esa estrategia, como el ejemplo de aquellas que quedan embarazadas para retener ese amor, o que usan una enfermedad o que amenazan.

> EL PERMITIR QUE UNA PERSONA SE CONVIERTA EN "NUESTRA VIDA" ES IDOLATRÍA. SIEMPRE DEBEMOS COLOCAR LA RELACIÓN CON LOS OTROS EN EL LUGAR CORRECTO. CUANDO CONOCES A UNA PERSONA, ELLA TE VA INCORPORAR A SU VIDA COMO TÚ LO HARÁS CON ELLA, PERO ESA PERSONA NO TIENE QUE SER TU VIDA. EL OTRO "NO TE TIENE QUE HACER FELIZ". NO PUEDES ESPERAR TODO DE UNA PERSONA.

Querida mujer: si se va... que lo haga. La puerta está abierta y no tienes que retener a nadie, los amores no se retienen.

¡Vamos! Suelta el dolor del abandono, no mires más atrás, no recuerdes más el abandono ni de tu madre, ni de tu padre, ni de tu hermana. Dilo una y otra vez: "No lo voy a recordar más. No voy a volver nunca más para atrás".

Cuando pasas la vida tratando de que alguien te ame, se te apaga la belleza. ¿Has visto que hay gente que no se puede reír?

¿Has visto que hay mujeres que ya no disfrutan de nada, que nada les divierte, que no pueden disfrutar de una salida porque tienen miedo de perder a...? Entonces se quedan acurrucadas tratando de retener ¡vaya uno a saber qué!

Recuerda siempre que dentro de ti hay una belleza que alguien no supo valorar. Hay algo dentro que alguien rechazó, pero que está ahí. Por eso no debe importarte la gente que te menosprecia, algún día se dará cuenta de lo que hay en tu interior; y si ello nunca ocurre, que no te importe.

¡Basta de estrategias para retener! No busques tu seguridad en fuentes equivocadas, no es esa persona que estás pensando la que va a traer felicidad a tu vida. No. No puedes depositar tu felicidad en un ser humano que tiene los mismos conflictos que tú, que está tratando de luchar y de vivir como tú.

¡Disfruta! No retengas a nadie en tu mente. Tu tiempo es hoy: suelta y deja volar a la mujer que tenías adentro acurrucada.

Examinen todo y quédense con lo bueno.
1 Tesalonicenses 5:21 (PDT)

29

PARECE QUE NECESITO SER APROBADA POR UN HOMBRE

¿Cuántas mujeres hay cuyas vidas pasan solo por sus parejas o por estar con un hombre? Mujeres que perdieron su personalidad porque son una "extensión" del hombre que está a su lado, que no hacen nada sin "su aprobación". ¿Te sientes identificada con estas descripciones? ¿Te detuviste a pensar por qué necesitas la aprobación de un hombre?

A las mujeres que necesitan la aprobación de su pareja para sentirse plenas y felices las llamo "Cenicienta". Aunque el cuento parece muy dulce y sencillo, está relacionado con el rol que, según la cultura, las mujeres deberían ocupar.

La Cenicienta llega a escena después de la muerte de su madre, con un padre que no soportó vivir solo y por eso volvió a casarse, pidiendo a su hija un sacrificio: el soportar a una madrastra malvada que él eligió para seguir viviendo. Cuando la mamá de Cenicienta se murió, le dejó una recomendación:

"Sé buena y dócil". Ese fue el mandato que su madre le dejó como herencia: "Lo importante es que siempre tengas cualidades morales, lo demás no importa".

Cuando leemos este cuento nos damos cuenta de que siempre se presenta a Cenicienta como el modelo de moral de una mujer "correcta": buena, sumisa, dócil. Su nombre se debe a las tareas que realiza, siempre limpiando cerca de las cenizas. Ella quería algo diferente, estaba cansada de esa forma de vida, soñaba un futuro mejor y decía: "Esto no es vida... Quiero vivir sin tormentos, sin complicaciones, sin problemas".

Es importante analizar la respuesta que le dio la cultura, es decir, quienes escribieron el cuento. Ellos dijeron: "Todas las soluciones vendrán el día que encuentres a un príncipe". Por eso Cenicienta anhelaba poder ir a la fiesta que realizaba el príncipe, porque allí encontraría la solución a sus problemas.

Sin embargo, querida mujer, la solución a tu conflicto está en tu interior, no necesitas a nadie para recibir felicidad.

Lamentablemente, en la actualidad muchas todavía creen que el modelo "Cenicienta" es el que una mujer de bien debe seguir. Pero déjame decirte que nosotras no necesitamos ser una mascota que solo sigue la voz de su amo. ¡Nosotras no tenemos amo!

SOMOS MUJERES CAPACES, LIBRES DESDE NUESTRO INTERIOR HACIA NUESTRO EXTERIOR. ¡NO NECESITAMOS LA APROBACIÓN DE UN HOMBRE NI ESTAMOS SOLO PARA HACER LOS QUEHACERES DOMÉSTICOS!

Muchas mujeres tienen la idea preconcebida de que necesitan ser salvadas, y algo en su interior les indica que las tienen que cuidar, que para salir de la sensación de fracaso deben ser "rescatadas" por un hombre.

Investigando sobre la vida de la princesa Diana, miré algunas películas acerca de su vida, y más allá de que muchas cosas pudieran ser verdad o no, me llamó la atención que después de su divorcio comenzó una búsqueda alocada e intensa por conocer a otro hombre para casarse. Se enamoró de dos hombres, uno era médico y el otro fue con quien murió en el accidente automovilístico.

Diana le dijo a una amiga que no sabía por cuál de los dos decidirse, a quién elegir, con quién comprometerse, y su amiga le dio un consejo muy importante: "Deja de buscar a un hombre. Realiza el sueño que hay en tu corazón, porque cuando lo hagas, las cosas vendrán solas". La princesa tenía grandes sueños a nivel social, pero los dejó de lado por buscar al hombre que la haría feliz.

Querida mujer: no busques afuera lo que tienes dentro de ti.

MUCHAS MUJERES DICEN: "SI CONSIGO UN HOMBRE VIVIRÉ LA FELICIDAD QUE NO TENGO". TIENEN MENTALIDAD DE PRINCESAS, PERO SIN PRINCIPADO, O DE REINAS SIN REINO, PERO EN DEFINITIVA ACTÚAN COMO ESCLAVAS.

Aquellas que dependen de la aprobación masculina son "pseudoindependientes", porque mientras están solas hacen de todo: estudian, mantienen a sus hijos sin problemas; pero cuando aparece la figura masculina sufren como una regresión (cuando digo un hombre no me refiero solo a una pareja, sino a cualquiera) y, aunque ellas lo sepan hacer, dejan que lo haga él. "Ahora hay un hombre en mi vida, que él lo haga porque yo no quiero", y esto ocurre porque existe el deseo interior de ser salvadas.

UNA TRADICIÓN POCO BENEFICIOSA

¿De dónde nace la necesidad de depender de un hombre que nos apruebe cuando tomamos una decisión? Tiene relación con lo que nos enseñaron en la infancia. Nuestras madres o abuelas no sabían muy bien para qué tenían que criarnos. Con los varones era distinto, porque sabían que ellos debían tener dinero, estudiar, hacerse un futuro, mantener una familia; pero a las mujeres no sabían qué decirles y solo se les ocurría: "Sé sumisa, dependiente. Si eres una buena mujer tendrás un hombre bueno al lado que te elegirá, suelta las virtudes morales, sé dócil".

Alrededor de esa enseñanza hemos desarrollado características que aún hoy, aunque los tiempos han venido cambiando significativamente, cuesta sacar viejos conceptos de nuestra vida. Por ejemplo, la culpa y la frustración de no poder decidir por qué tenemos que ser dóciles y obedientes, mostrarnos siempre contentas y alegres para que el otro no se ponga mal.

Alrededor de la docilidad y de la sumisión se han desarrollado rasgos de carácter que se refuerzan unos a otros, produciendo una dificultad para poner límites, falta de determinación y mucha culpa para desterrarlos de nuestra vida.

Hay una sensación interna y externa de estar incompletas, creemos que el hombre nos completará y necesitamos que "sí o sí" nos cuide.

Y el mito de Cenicienta refuerza el que siempre tengamos a un hombre para ayudarnos.

Querida mujer: eres más que una Cenicienta. Dentro de ti tienes deseos y necesidades que tienen que ser satisfechos. No puedes vivir la vida de otro.

Tu frustración, tu tristeza y enojo son llamados de tus sueños y pasiones para convertirse en realidad. Te están pidiendo que salgas de tu letargo interno y tomes las riendas de tu vida.

Dentro de ti hay una luz que quiere brillar y la estás desperdiciando. No dejes que se te pasen los años, que se te pase la vida y no haberla vivido como quisiste. ¡Vamos, mujer! Puedes salir de la dependencia, simplemente tienes que empezar a quebrar las mentiras que la sociedad nos ha contado y que nosotras permitimos que dominen. ¡Puedes hacerlo, no naciste para ser dependiente!

30

ME SIENTO INSUFICIENTE

¿Escuchaste hablar del mito de la media naranja? ¿Anduviste por la vida preguntándote: "Dónde estará mi media naranja"?, o seguramente te han dicho: "¿Y tu media naranja, para cuándo?". Y así es como, angustiada, pasaste mucho tiempo de tu vida buscando a tu media naranja o a "tu peor es nada", solo para no sentirte sola o para cumplir un mandato social. ¿O simplemente porque buscabas tu otra mitad esperando ser una mujer completa? ¡Es hora de acabar con este mito!

Las mujeres vivimos inmersas en una cultura que a diario nos presiona con mandatos que supuestamente tenemos que cumplir. La sociedad nos presiona a que formemos una pareja, y mejor que sea antes de determinada edad, ya que si no cumples con este mandato pensarán y dirán:

—"*¡Seguro que tiene un carácter...!*".

— *"Por algo será que está sola".*

— *"Esta debe ser una histérica, debe estar nerviosa todo el tiempo".*

— *"¡Es que no tienes paciencia!".*

— *"¡Nadie te viene bien!".*

Ante estos dichos que nos provocan vergüenza, las mujeres hemos elegido y decidido bajo presión de manera equivocada y durante años. Por otro lado, las mujeres casadas verán en ti a "una enemiga". Una mujer soltera significa un peligro para su marido.

LA MUJER QUE ESTÁ SOLA ES CONDENADA POR LA SOCIEDAD Y, DE ALGUNA MANERA, PRESIONADA Y OBLIGADA A FORMAR PAREJA. FRENTE A ESTE MANDATO, LAS MUJERES EXPERIMENTAMOS UNA SENSACIÓN INTERNA DE SENTIRNOS INCOMPLETAS: SI NO TENEMOS PAREJA CREEMOS QUE "ESE HOMBRE" ES QUIEN NOS COMPLETARÁ Y DARÁ VALOR A NUESTRA VIDA.

Así es como nos sumergimos en la vorágine de buscar satisfacer las necesidades de los demás, las expectativas de los otros, esperando recibir afecto y amor a cambio. Deseamos ser aprobadas por el otro, sea quien fuere. Y en la espera de ese bendito hombre que le dará valor a nuestra vida, es como creemos en mitos falsos que a lo único que nos conducen es a elegir y decidir erróneamente. Así es como muchas mujeres aceptan para sus vidas a ese hombre que tuvieron "a la mano". Aceptaron seguir una relación porque su mamá o su mejor amiga dijeron que tal hombre era el conveniente, que con él estaría segura. Decían: "Mira que se te pasa el tiempo y cada vez es más difícil". Y a pesar de que ese hombre no tiene los requisitos que ellas buscan, se conforman y dan vida al dicho tan conocido de "peor es nada", que, al final, se convierte en la peor decisión que pudieron haber tomado.

UNA TOTALIDAD, NO UNA MITAD DE...

Querer un hombre y formar una pareja está muy bien, tanto para las solteras como para las que se han divorciado o han quedado viudas. Se trata de un deseo sincero que hay en sus corazones. El problema es cuando ese deseo se basa en mitos, en cosas irrealizables, en hechos que nunca vas a poder lograr, como por ejemplo buscar el hombre perfecto. Por eso, cuando te casaste te encontraste con el hombre que no era el que imaginabas o el que te mostró ser durante el noviazgo. Seguramente te mostró una imagen, pero después de casados las cosas cambiaron.

Querida mujer, siento decirte que EL HOMBRE PERFECTO NO EXISTE.

Las mujeres que están casadas dicen: "Quiero un hombre distinto", porque están buscando al hombre perfecto y, al mismo tiempo, sostienen: "Necesito un hombre para ser una mujer completa, para sentirme realizada".

Sin darse cuenta, estos dichos están afirmando que somos incompletas, que nos crearon por la mitad. Pero todo esto es totalmente falso y erróneo: Dios te creó como un 100 %, no como un 50 %. No necesitas otra "media naranja" que venga a completar tu mitad porque no somos la mitad de nada. ¡TÚ ERES UNA PERSONA ENTERA Y COMPLETA!

El libro del Génesis dice "A imagen de Dios los creó, varón y hembra los creó". No estás hecha a imagen del varón, tu espejo no es el varón. No vas a verte bien el día que cuelgues de tu brazo a un hombre, no estás incompleta.

ERES 100 % MUJER. TU CREACIÓN ESTÁ COMPLETA. DENTRO DE TI TIENES TODO EL POTENCIAL QUE NECESITAS PARA DAR A LUZ AL 100 % DE LA MUJER QUE FUE CREADA.

Esta "naranja" lleva dentro de sí todo el potencial, todos los talentos, todos los dones, todas las fuerzas y todas las energías que necesita para brillar. La creatividad, las ideas de oro, la capacidad económica y la emocional están dentro de ti. Eres una mujer completa y única.

Dilo, y bien fuerte: "HOY QUIEBRO EL MITO DE LA MEDIA NARANJA". Y cada vez que te pregunten por esto puedes responderles: "No, yo estoy buscando una naranja entera". Por este concepto erróneo, muchas mujeres han buscado también su "medio hombre", pensando en completarlo al ser ellas mismas la otra mitad. Entonces, si él era un mal hombre de acuerdo con este mito, con tu amor lo completarías y así serían "uno" y se llevarían bien.

Seguramente mientras estás leyendo estas líneas te preguntarás: "¿Y todo lo que yo toleré por creer que era media...?".

Tranquila, siempre hay tiempo mientras tengamos vida para cambiar. Solo debes tener estos conceptos bien claros.

Con una pareja no debes cubrir tus necesidades: tienes que REALIZAR UN PROYECTO DE VIDA. Él no cubrirá tus necesidades ni tú cubrirás las suyas. "Yo tengo un departamentito, ven a vivir conmigo" o "Yo te puedo mantener"; al decir esto, debes darte cuenta de que en estos casos solo estarás cubriendo una necesidad.

También están esas mujeres que dicen: "No veo la hora de casarme para dejar de trabajar". Esto es muy lindo y muy cómodo al comienzo, ¡qué placer que el otro nos cubra todas las cuentas! Pero al tiempo de estar en la casa todo el día, de haber dejado nuestra profesión, el trabajo y los "sueños", terminan frustradas. ¿Por qué? Porque creyeron que el otro era su mitad y que iba a cubrir sus necesidades. Y tal vez pueda hacerlo en lo económico, pero no puede cubrir aquellas metas que solo tú puedes realizar, aquellos sueños de los cuales te sientes protagonista y autora.

Las mujeres que tienen como una meta más formar una pareja, saben que darán lo mejor de ellas para que esa relación sea sana y feliz, teniendo en cuenta lo que esperan producir y recibir en esta nueva etapa de su vida. Son mujeres que saben muy bien que con una pareja "no están cubriendo una necesidad, sino que están realizando un proyecto".

Cuando tu pensamiento está claro, el otro (tu pareja) no sentirá la obligación de tener que cubrir todas tus necesidades, sino que sabrá que a tu lado crearán un nuevo proyecto de vida.

Una mujer completa sabe que puede formar pareja y estar feliz con el hombre que eligió a su lado; pero también que parte de su felicidad es tener un proyecto propio, una profesión, un trabajo, amigos y conexiones que la alentarán a que ella pueda alcanzar todos los sueños que se ha propuesto.

HAY MUJERES QUE HAN ENTENDIDO QUE UNA PAREJA NO VIENE PARA CUBRIR NECESIDADES, SINO PARA REALIZAR UN PROYECTO JUNTOS. PARA QUE JUNTOS SE MULTIPLIQUEN Y FRUCTIFIQUEN EN TODAS LAS ÁREAS DE LA VIDA, NO SOLO TENIENDO HIJOS. NOS JUNTAMOS UN ENTERO CON OTRO ENTERO, Y JUNTOS ¡SOMOS DINAMITA! YO SOLA PUEDO HACERLO, PERO CUANDO ME UNO CON UN HOMBRE LOGRAMOS UN PROYECTO EN COMÚN.

Comienza a defender lo que siempre soñaste.

No vivas la vida como si te la hubieran prestado por un tiempo. Es tiempo de dejar de admirar al otro y de comenzar a poseer tu propia vida. Te mereces todo y lo mejor.

Cada día, al levantarte, recupera tu propósito y tus sueños. Esto significa elegirte nuevamente cada día, validarte, no presentarte diciendo lo que no sabes hacer, sino lo que sí sabes.

Una mujer completa, una mujer íntegra, una mujer capaz, no se castiga, se acepta, se valora y elige el lugar que quiere ocupar. Una mujer que sabe amarse a sí misma, sabe que su destino es el éxito.

Por eso, querida mujer, con pareja o sin pareja, eres "100 % mujer".

31

ESTOY FRUSTRADA

¿Sientes tristeza, ira, angustia, irritabilidad? ¿Tienes la sensación de que el futuro no tiene nada destinado para ti? ¿Sientes que nada de lo que hagas te puede salir bien? ¿Comienzas cosas que no puedes terminar?

Muchas mujeres se exponen a situaciones que les generan conflictos, tanto internos como externos. ¿Conoces mujeres que en los momentos en que se sienten con mucha autoestima se ponen metas altísimas, pero después se dan cuenta de que no pueden con todo y se llenan de frustración y angustia?

¿Por qué pasa esto? Porque sucumben ante las expectativas de otros, perdieron el enfoque de hacia dónde va su vida. Al no saber bien hacia dónde van, nada las ayuda a ser felices, y el mayor problema por el que se frustran es que no conocen sus capacidades ni sus límites. Si supieran qué cosas son capaces de hacer, qué es lo que las hace felices, hasta donde llegan sus cuerpos para seguir todas sus actividades y, sobre todo, si pudieran decir "no", serían mujeres libres de frustración y culpa. Es posible que nos frustremos porque en vez de buscar lo que deseamos, corremos detrás de objetivos que no son nuestros, o que parecen ser nuestros, pero no lo son. El principio para alejarnos de la frustración se resume en una sola pregunta: ¿Qué es lo que quiero?

¿No sabes si lo que sientes es frustración? Hay dos características muy particulares que identifican cuando una mujer se siente frustrada: la ira y la tristeza, dos caras de la misma moneda. Si estás frustrada, sientes ira por no lograr lo que deseabas y, a la vez, tristeza.

Detrás de cada mujer frustrada hay una mujer enojada. Como hay algo que te frustra, reaccionas, y en vez de comprender te enojas y respondes con violencia.

SIN RUMBO

Leí un cuento llamado "Las zapatillas rojas". Se trata de una niña huérfana muy pobre, que no tenía casa y vivía caminando por el bosque sin zapatos. Un día decidió juntar todos los materiales que pudiera para hacerse un par de zapatos: pedacitos de cuero, hojas, ramas, telas, todo lo que encontró en el camino. Después fue caminando hacia la ciudad con sus zapatos recién hechos, vio un árbol de frambuesas y con el jugo de su fruto los tiñó de rojo. Iba caminando con sus zapatos rojos, contenta con lo logrado ya que con su propio esfuerzo e inteligencia había podido realizar un par de zapatos coquetos como ella quería.

Cierto día, en medio del camino, se encontró con una anciana que viajaba en un gran carruaje, y al ver a la niña sintió compasión y la invitó a vivir a su casa. Allí empezó para la nena una carrera por querer agradar a la anciana en agradecimiento por lo que había hecho. En una ocasión, la anciana le pidió que tirara los zapatos y ella aceptó. La niña estaba tan deslumbrada por la anciana que, poco a poco, comenzó a ser domesticada e hizo todo lo que la anciana quería.

Así como esta niña, muchas veces las mujeres solo buscamos agradar a alguien por el deslumbramiento que tenemos hacia esa persona, sin saber que al hacerlo podemos caer en la trampa de ser domesticadas por otras personas, por la cultura, por principios, por las metas o valores de otros. Y, sin darnos cuenta, soltamos aquello que habíamos adquirido con nuestras fuerzas, inteligencia y creatividad, hasta que terminamos perdiendo todo lo que habíamos adquirido.

Recuerda cuántas cosas lograste en tu vida, cuántas ideas creativas tuviste años atrás, cuánto lograste por tus propios medios; sin embargo, en un momento hiciste como la niña del cuento y te dejaste domesticar.

Quizá fueron otras personas quienes se encargaron de diseñar tu vida, o alguien que considerabas un modelo a seguir; y en vez de poder hacerlo a tu propia forma, adoptaste un modelo que no era para ti y lo hiciste tuyo, lo cual terminó limitando tu capacidad y creatividad.

UNA MUJER FRUSTRADA ES LA QUE SE DEDICÓ TODA LA VIDA A AGRADAR A LOS DEMÁS.

Agradar no solo es sonreír a la gente ni ser simpático, sino también ceder. Y cuando cedemos principios, valores, objetivos, deseos o intereses por el solo hecho de agradar a otro, siempre perdemos la dignidad. Es tiempo de recobrar la dignidad como mujer.

Para superar la frustración debes atreverte a ser digna; deja de agradar a los demás y de correr detrás de las metas, sueños y objetivos de otros.

¿CÓMO ES UNA MUJER CON DIGNIDAD?

- **Una mujer digna se conoce a sí misma:** tendrás que pasar por el proceso de conocerte a ti misma. No es fácil, porque cuando empiezas a hacerlo, entras en crisis. La crisis es el mejor momento para crecer. Quizá durante ese tiempo puedas conocer a tu marido, a tus hijos o a tus nietos mejor que a ti misma. Por ejemplo, cuando compraste los regalos de Navidad supiste el gusto de cada uno de ellos, en cambio a ti "te da lo mismo". Siempre te regalan lo mismo y dices: "¡Otra vez!", porque los demás no tienen demasiado interés en conocerte.

Pasar tiempo contigo misma te hace una mujer digna. Eres la creación más hermosa de Dios y es digno que se te conozca.

- **Una mujer digna lidera su propia vida:** lidera tus pensamientos, tus sentimientos, tus actos. No es sano que vivas de acuerdo con lo que los demás piensan, sienten o actúan.

Liberar tu mente, tu cuerpo y tus emociones quiere decir que elegirás qué sentir, y eso implica elegir los objetivos que alcanzarás, qué pensamientos pondrás en tu mente, qué sentimientos elegirás para actuar y cuáles anularás porque no te sirven. Una mujer digna es la que confía en su criterio, se equivoque o no.

No estoy diciendo que siempre te va a ir bien, pero debes tener tu criterio, independientemente de que te vaya bien o mal porque posees la capacidad para corregirte. Aún hay mujeres que creen que el criterio del varón es el mejor y por eso se someten a él.

- **Una mujer digna sabe establecer prioridades:** sabe decir "no" a lo secundario sin lo cual igual puede vivir. Aprende a decir que "no" a aquello que no sea prioridad para tu vida, porque con o sin ello podrás seguir viviendo. No digas "sí" a todo porque algo vendrá a estresarte, aprende a priorizar y a decir "no".

- **Una mujer digna se dedica tiempo:** sabe estar con la gente, pero disfruta estar sola. ¿Por qué no aprovechar y mirarte al espejo, depilarte, cuidarte, ponerte cremas, peinarte, hacer todo lo que esté a tu alcance para no descuidarte?

- **Una mujer digna construye su red de apoyo emocional:** no se aferrará a una persona. Muchas veces somos tan dependientes, que buscamos a alguien que nos saque del problema y nos aferramos a esa persona. El problema no son las personas sino que te agarras de ellas como un salvavidas.

Una mujer inteligente y digna no se aferra a nadie y lo transforma en su salvavidas, se rodea de personas a las que va a recurrir.

- **Una mujer digna pide lo que necesita:** cada vez que una mujer se queja es porque no sabe pedir. Muchas no se atreven a hacerlo, les cuesta mucho. Una mujer digna está preparada para recibir un "no" como respuesta. No siempre te van a decir que sí ni te darán lo que quieres. Es parte de la vida. Pero una mujer digna acepta el "no" con dignidad; y volverá a intentarlo porque ha crecido y aceptó el "no".

Una mujer digna tiene dos características: tenacidad y determinación. Si lo que te propusiste este año no lo conseguiste, lo lograrás en el próximo por tu tenacidad, determinación y por tu dignidad de mujer.

Si puedes soñar algo, puedes lograrlo. Quizá al principio no estarás segura, ni siquiera sabrás hacia dónde vas, pero no te preocupes, porque si es lo que quieres, lo vas a lograr. Para el que está pasando una crisis todo resulta confuso, es como tener una telaraña mental que te obliga a ver las cosas de a poco. Pero no te preocupes, querida mujer, sigue preguntándote: ¿Es esto lo que quiero? Y si la respuesta es "sí", no dudes en seguir hacia la meta. ¡Éxitos!

32

NO QUIERO SER PROTAGONISTA, PREFIERO PASAR DESAPERCIBIDA

Las personas que se desilusionaron de la vida no quieren creer en nada ni en nadie porque sus heridas no se lo permiten. De la misma manera, muchas mujeres que deberían vivir en paz y felicidad hacen cuevas para esconderse porque no quieren creerle a nadie.

Querida mujer: activa tu capacidad de creer. Las mujeres somos seducidas por el diálogo, por las palabras (no solamente las que dice un hombre), por la propuesta que nos trae el otro, y caemos en su trampa aceptando la persuasión. Lamento tener que compartir contigo la reflexión que nos dice que la única que perderá por su incredulidad eres tú.

Muchas veces los cambios en la vida no se producen porque cerramos la puerta a creer. Esas mujeres que se esconden en sus cuevas viven con una mentalidad estancada, disfrutan de la vida y tienen buenos momentos, pero esperan que los cambios lleguen desde "afuera hacia adentro" porque ellas no pueden producirlos desde "adentro hacia afuera".

El peor engaño para una mujer es creer que su vida llegó al punto máximo. Cuando éramos niñas y nos preguntaban qué queríamos ser de grandes, decíamos "arquitecta", "médica", "actriz", de todo. Tal vez lograste lo que querías ser y ahora piensas: "Ya llegué, y ¿qué más hay?".

Todos los días debemos preguntarnos qué queremos ser, para no entrar en la mentalidad de estancamiento.

Te propongo que pienses tres cosas que quieras lograr o alcanzar. Escríbelas en una hoja y, por lo menos, durante seis semanas, léelas todos los días. Descubrirás que hay muchas cosas dentro de ti que aún no has soltado.

LO QUE PENSAMOS DE MANERA REPENTINA ES LO QUE ESTUVIMOS OCULTANDO DURANTE MUCHO TIEMPO, AQUELLO QUE ESTAMOS POR LOGRAR Y QUE AÚN NO SE MANIFESTÓ, Y QUE SERÁ LA VERDADERA PERSONALIDAD.

Una mujer que deja de creer en los demás, primero dejó de creer en sí misma. Quizá dejaste de creer en tu potencial, en tus deseos, en tus sueños, y es porque anulaste una capacidad dada a todos los seres humanos y así no podrás creer en nada ni en nadie. ¡Vamos! ¡No te conformes con lo que lograste, te espera algo grandioso!

Para todo debemos tener un propósito. Es tiempo de orientar tus fuerzas, ponerle sentido a lo que haces para no tener mentalidad de mantenimiento.

¿Pasaste cuarenta años de tu vida sin lograr nada, subiendo la piedra y bajándola luego? Analiza cada una de las cosas que haces para ver si tienen sentido o no. Reorienta tus fuerzas para que todo lo que hagas tenga un propósito. Por ejemplo: "Hoy lavo la vajilla, pero lo hago porque mañana no estaré aquí. Tendré mi empresa y estaré cumpliendo mi sueño". A veces tendrás que realizar quehaceres de la casa, pero siempre con un propósito, porque tienes un sueño por cumplir.

Una persona "vieja" pierde la esperanza y, lamentablemente, hay muchas mujeres con esa mentalidad.

EL NO CREER EN NADIE NI EN NADA, AVEJENTA. HACER COSAS SIN SENTIDO AVEJENTA PORQUE FUIMOS CREADOS PARA HACER COSAS CON UN PROPÓSITO. EL MOVIMIENTO ES DEMOSTRAR JUVENTUD Y QUE TIENES EMOCIONES. CREA TU DÍA. ¡SAL DE LA CUEVA!

No te escondas detrás del dolor ni de la incredulidad. Eres una triunfadora y hay mucho más para conquistar. ¡Sigue hacia adelante!

La persona que fue maltratada conoce el engaño, la traición y la mentira, y está preparada para que jamás le vuelvan a mentir o a engañar. Y su motor cotidiano será pensar siempre en sus sueños, que harán que mire hacia adelante y deje la cueva atrás.

33

¿SEXO? ¡YA PERDÍ LA MEMORIA!

¿Te has puesto a pensar que el sexo existe para nuestro disfrute? No es verdad que ya sabemos todo acerca del tema, porque así como queremos madurar en otras áreas de nuestra vida, también debemos hacerlo en el área sexual. Y no se trata de aprender una serie de pasos o técnicas, sino de conocer un proceso que involucra actitudes, pensamientos y sentimientos.

Las mujeres no podemos dejar de lado el sexo, debemos crecer en conocimiento y madurar en ese proceso.

Vivimos rodeadas de conceptos erróneos acerca de la vida sexual. ¿Quién de nosotras no escuchó que el cuerpo es malo y sucio? El cuerpo es una unidad y es bueno, sano. No puede haber una parte buena y otra mala. Mientras no pensemos que todo nuestro cuerpo es bueno, no lo cuidaremos y lo esconderemos.

¿Cuántas veces escuchamos que los hombres tienen necesidades sexuales y las mujeres no? ¡Es mentira! Fisiológicamente las mujeres tenemos los mismos deseos y necesidades que los hombres, pero la mayor complicación está en la mente.

Ahora bien, tal vez te preguntarás cómo hacer para que se pongan de acuerdo mente y cuerpo. Todos los conflictos sexuales son fáciles de resolver, pero da pudor hablarlos. Hay mujeres que sienten dolor en sus relaciones sexuales, y estos síntomas aparecen cuando el cuerpo dice "sí" y la mente "no". Y cuando dice que "no", por más que el cuerpo quiera, no se logrará nada, por eso hay que trabajar la mente.

Sabemos, querida mujer, que el cuerpo no siempre coincide con la mente. Quizá tuviste experiencias sexuales negativas en el pasado (abuso, violación, agresión), o perteneces a esas familias en las que no se hablaba del tema. Así te obsesionas; y aunque fisiológicamente tu cuerpo está bien, apto, preparado y diga que "sí", la mente dice "no". O quizás tienes un marido agresivo, sin pasión, que te hace sentir como un objeto, usada.

ANÍMATE, NO TE AVERGÜENCES, DEBEMOS INTENTAR TODO LO QUE ESTÉ A NUESTRO ALCANCE PARA QUE EL CUERPO COINCIDA CON LA MENTE.

Existe otro concepto erróneo que dice que "la pareja se lleva bien sexualmente cuando los dos llegan al orgasmo simultáneamente". Eso es un mito.

En una encuesta se descubrió que solo el 25 % de las mujeres alcanza el orgasmo a través de la penetración, el 75 % necesita estimulación adicional del clítoris, el 11 % son mujeres anorgásmicas y el 1 % son multiorgásmicas (que pueden tener varios orgasmos sucesivos).

Una mujer puede ser anorgásmica por no conocer que tiene un clítoris, y su esposo no la estimula porque busca el propio placer y no la toma en cuenta. Si a estas causas de falta de placer le agregamos el mito del "orgasmo simultáneo", se le añadirán más conflictos a la mente.

Ten siempre presente que si en una relación sexual con tu marido no tuviste un orgasmo, no importa. Lo cierto es que estuvieron juntos, se abrazaron, se besaron, se acariciaron, se dijeron cosas lindas y el amor sigue creciendo (con o sin orgasmo). Lo importante es estar juntos y amarse.

Es común oír: "No tengo ganas de nada", "Nunca quiero tener relaciones". Y me pregunto acerca de cuántas cosas hacemos en el día que no tenemos deseos de hacer. Con el sexo pasa igual, aun sin ganas hay que practicarlo, cuanto más se practique nuevos deseos nacerán y se convertirá en un hábito.

¿Cuántas veces pensaste: "Él no quiere tener más sexo conmigo porque ya no le atraigo"? Si el varón que no tiene deseo sexual es joven, deben consultar a un sexólogo y solucionar rápidamente el problema, pues puede sucederle por diversas causas (estrés, medicación, etcétera). Pero si el hombre tiene más de 45 años, probablemente se deba a que baja el índice de la testosterona. Y ahora no es la mujer la que no tiene deseos, sino el hombre.

Cuando tu esposo es tu amigo, tu compañero, hay un compromiso entre ambos, sueños y metas para lograr juntos. Ambos son felices sexualmente, todo se une. Por lo tanto, esa energía de la que hablábamos y el calor son inmensos.

Yo dormía, pero mi corazón velaba. ¡Y oí una voz! ¡Mi amado estaba a la puerta! «Hermana, amada mía; preciosa paloma mía, ¡déjame entrar! Mi cabeza está empapada de rocío; la humedad de la noche corre por mi pelo».

Cantares 5:2

34

NO PUEDO PARAR DE COMER, ¿QUÉ HAGO?

¿Sientes odio por tu cuerpo? ¿Estás enojada por tus kilos de más? ¿Sientes que la comida tiene el control de tu vida y de tu cuerpo, y no viceversa?

Muchas nos hemos sentido así, sean pocos o muchos los kilos que creemos tener de más. Por eso, hoy es tiempo de que seamos nosotras las que tengamos el control sobre cada bocado que comemos y quienes decidamos qué comer y qué no.

La mayoría de las mujeres no tiene idea de cuánto mide su cuerpo. ¿Qué decimos cuando queremos explicar a alguien que estamos excedidas de peso? "Estoy regorda", "Tengo la panza hinchada", "No doy más así como estoy". Exageramos y creemos que nuestro cuerpo excede los límites que en realidad tiene.

Y así es como no conocemos cuál es la forma exacta de nuestro cuerpo. Es por eso que existe una gran diferencia entre el "tamaño real" de nuestro cuerpo y la "idea" que tenemos de él.

Por ejemplo, en tu adolescencia o en la actualidad, tu esposo o tu pareja te dice: "Qué gorda estás". Entonces, el concepto dentro de tu mente es "mi cuerpo es gordo", y aunque adelgaces o hagas gimnasia tendrás dentrode ti el concepto de que siempre estamos gordas.

SUMADO A TODOS ESTOS DICHOS QUE RECIBIMOS O NOS DECIMOS A DIARIO, NUESTRA CULTURA ASOCIA GORDURA CON UN MONTÓN DE CUALIDADES INDESEABLES.

Las primeras asociaciones que nos vienen a la mente cuando pensamos en la palabra "gordura" es comida, grasa, feo, celulitis, gula, depresión, enfermedades. Esto quiere decir que la palabra "gordura" está rodeada de incompetencia, de ser poco atractiva, indigna, descontrolada. Te han dicho: "No tienes autoridad en tu vida para controlar lo que comes, por eso estás gorda. No vales nada".

La cultura nos introduce día a día el concepto de indignidad con respecto a la gordura: "Porque no tengo el cuerpo correcto que presenta la sociedad, soy indigna de vivir en medio de mi cultura". Y como soy indigna, hay un montón de cosas que me niego. Hay mujeres que viven negándose cosas porque consideran que no entran dentro del sistema cultural.

COSAS QUE NOS NEGAMOS A DIARIO

- Si tenemos unos kilos de más, nos negamos a usar ciertos colores o diseños con flores grandes en tonos subidos.
- Nunca nos sentamos a comer a la mesa porque es como rendirle honor y culto a la comida, y entonces comemos paradas y "picoteando".
- Nos negamos a comer una porción de pastel, solo picamos el borde, sin advertir que al final terminamos comiéndonos dos porciones.

Nos negamos cosas porque nos sentimos indignas de vivir como las otras mujeres. Y entonces comemos a escondidas porque sentimos que mostrarse comiendo es algo indigno, por lo cual hasta podrían gritarnos por las calles. Y así es como terminamos odiando nuestro cuerpo, que pasa a ser un enemigo en lugar de un amigo, deja de ser aquello que acompaña al espíritu que hay en nuestra vida.

Hay mujeres que se levantan en la mañana y comienzan a pensar en lo mal que se ven físicamente; pasan todos los días pensando en una dieta, tratando de inventar y descubrir qué las puede hacer más delgadas.

Hoy deberíamos aprender a vivir "como si...". Como si mereciéramos todas las cosas que nos negamos. Como si mereciéramos todas las cosas que pensamos que solamente se merecen las mujeres de tallas pequeñas, que son más jóvenes o no tienen arrugas.

Entonces, la pregunta es: ¿por qué comemos de más y cuándo lo hacemos? Una vez que logremos respondernos, debemos comenzar a tomar decisiones.

SI LO QUE COMES HOY ESTÁ PERJUDICANDO TU SALUD Y SIENTES QUE NO PUEDES CONTROLAR LO QUE TE ESTÁS LLEVANDO A TU BOCA, ES TIEMPO DE QUE PIDAS AYUDA A UN MÉDICO, A UN NUTRICIONISTA, A UN TERAPEUTA. ESTÁ PERMITIDO BUSCAR AYUDA, NO TE LA NIEGUES.

Y si lo que consideras es que solo tienes unos kilos de más, plantéate qué es lo que puedes hacer para estar cada día un poco mejor, no solo con menos kilos, sino con más salud y más alegría. Para ello, comienza a implementar buenos hábitos alimentarios y, como dijimos antes, busca ayuda profesional. Cuídate, la prioridad eres tú, en salud, en estética, en tu interior, en tu ropa. Si no te cuidas tu misma, nadie lo hará.

SÉ RESPONSABLE CON TU CUERPO, CON TU SALUD Y CON TU VIDA. COMIENZA A OCUPARTE DE TU PROPIA VIDA.

Cada mañana levántate sabiendo que vas a hacer algo para cuidarte, porque el día que no hiciste nada lo perdiste para adquirir el hábito. ¿Qué hiciste hoy para cuidarte?

Adquiere hábitos de excelencia que son fundamentales para lograr todo lo que te propongas. El hábito te traerá beneficios y, con el tiempo, los disfrutarás.

Tu cuerpo no tiene que ser tu prisión, te tiene que traer libertad. Disfruta de tu cuerpo, aun con los kilos de más, aun con la nariz que no te gusta, y comienza a ver en ti a "alguien especial".

Eres merecedora de vivir la vida en plenitud, no tienes que andar escondiéndote, ocultándote, teniendo vergüenza de tu cuerpo; vas a hacer cosas para tener salud, para estar bien.

Cuando entiendas que mereces muchas cosas en la vida, vas a empezar a cambiar tu manera de ver la realidad, porque perteneces a este mundo y te declaras merecedora.

35

¿POR QUÉ NO PUEDO TENER TODO LO QUE QUIERO?

¿No puedes ser feliz ni disfrutar de nada?

¿Piensas: "No sé lo que quiero ni lo qué siento… vivo por inercia"? ¿Tienes la sensación permanente de que te falta algo?

Sientes pasión por lo que haces, pero después de cada logro te angustias porque piensas que "podrías fracasar". El éxito no te da alegría porque te preguntas: "¿Quién me creo que soy para que la gente me felicite o diga qué bien lo hice?".

Querida mujer: si te identificas con esto es tu oportunidad para aprender a disfrutar de cada cosa, para comenzar a reírte y que nadie te quite el gozo. No te compliques, no busques la aprobación de nadie, porque estás aprobada.

Pensamos que nuestros esfuerzos no son reconocidos lo suficiente y nos incomodamos cuando nos felicitan, siempre sintiéndonos relegadas a un segundo plano. Por eso, la incomprensión es la base de estos conflictos.

Muchas mujeres sienten que nadie las entiende, sus vidas giran alrededor del próximo logro o cambio. Por ejemplo: "Si me mudo de casa, tal vez pueda llegar a ser feliz", "Si me hago un *lifting*, quizá mi vida cambie, mi autoestima crezca o me reconozcan en mi trabajo".

Tal vez crees que la admiración del otro te puede transformar en dependiente y vulnerable, por eso no aceptas halagos. Muchas veces, entonces, has mostrado una fachada para ser aceptada o te has comportado según lo que tu mamá, tu tía o tu abuela te han dicho, y no eres natural.

¡CUÁNTAS VECES HEMOS IDO A LUGARES A LOS QUE NO QUERÍAMOS Y DEBIMOS PONERNOS MÁSCARAS!

En más de una ocasión pudiste sentirte dolida y reprimiste tu enojo diciendo a todo "está bien", cuando no es cierto, porque es un ropaje que te pusieron. O te avergüenzas de tu pasado y lo tapas porque no te perdonas a ti misma y, en el día a día, vives con una careta para no ser descubierta.

Si eres de ese tipo de mujeres que nunca pide ayuda, ¡vamos, anímate! Pedir ayuda no es ser débil sino sabia. Es muy fácil demostrar al de al lado que estás superada, cuando en realidad tienes un vacío emocional tan grande que te lleva a usar siempre una careta.

Algunas mujeres se obsesionan por ganar la admiración de alguien, que las reconozcan y las feliciten. Pero en otro momento se autocondenan creyendo no tener derecho a ningún reconocimiento. Pareciera que siempre necesitan a alguien para que las aliente.

Hoy es tiempo de dejar de confundir "admiración" con "amor". Si alguien te admira no quiere decir que te ame. Muestra la mujer que eres, con virtudes y errores, desafiando la sabiduría convencional de tus abuelas o de tu madre.

¡Despréndete de lo aprendido, rompe los patrones que otros te enseñaron! Es tiempo de ser creativos. No busques el reconocimiento ajeno, ni esperes el próximo paso para sentir que estás realizada. Quítate todas las máscaras, elimina todas las palabras que te lastimaron y las aprobaciones o invalidaciones.

Si estás en el lugar correcto tendrás todo lo que necesites. Tu insatisfacción es porque no crees que estás en el lugar correcto. Sigue en la carrera, no te rindas, ese es el anhelo para abrazar cada mañana. Todo está a tu favor, no tienes que ir diciendo "logré esto o aquello", sino presentarte sin máscaras.

> Seguro estoy de que la bondad y el amor me seguirán todos los días de mi vida; y en la casa del Señor habitaré para siempre. Salmos 23:6

36

ME ABURRE LA VIDA QUE LLEVO

¿Crees que no has podido incorporar nada nuevo, y que todos los días, desde hace años y años, has venido haciendo lo mismo? Si esto está pasando en tu vida, querida mujer, es tiempo de dejar lo viejo, dejar atrás lo que no te sirve e ir por lo nuevo, por lo mejor. ¡Hazlo! Si estás leyendo estas palabras es porque tienes vida, y si tienes vida, tienes tiempo para hacerlo, solo hay que decidirse a comenzar.

Toda la gente que tiene éxito, tiene un común denominador: son personas organizadas. Esto significa utilizar el tiempo planificando lo que se quiere conseguir más adelante. Sin embargo, muchas veces no le damos importancia a la planificación y hacemos las cosas como van viniendo.

Benjamin Franklin, científico, inventor y político norteamericano, dijo: "¿A usted le gusta la vida? Entonces no malgaste el tiempo, ya que la materia prima de la vida está hecha de tiempo".

No malgastemos nuestro tiempo. Comencemos a organizarnos y a planificar nuestros días. Para poder hacerlo, necesitamos saber que habrá cosas que tendremos que desechar: todo aquello que no nos nutre, que no nos alimenta, que no nos sirve.

Tal vez hiciste muchas cosas que te llenaron y que te dieron momentos de alegría y de felicidad, pero en realidad no dejaron nada nutritivo en tu interior.

Tira todo lo que no te sirve, para ello necesitarás usar el discernimiento que está dentro de ti. Es como cuando decidimos limpiar y ordenar el ropero, con toda seguridad deberás tener decisión para tirar ciertas cosas.

¿Sí o no? ¿Te pasa, querida mujer, que vienes juntando cosas, y cuando te decides a limpiar el ropero no quieres tirar nada y sigues acumulando?

Esto es lo que nos sucede con lo que tenemos que desechar, queremos tirar todo y decimos "nada de esto me sirve", pero igual lo seguimos guardando.

LA MAYORÍA DE LAS MUJERES SE AFERRA A LO FAMILIAR, INCLUSO CUANDO YA NO FUNCIONA. POR EJEMPLO, ¿CUÁNTAS SIGUEN MANTENIENDO VIEJAS RELACIONES, CUANDO EN REALIDAD ESAS PERSONAS NI SE ACUERDAN YA DE TI?

Quizá mantienen rencores que no les sirven de nada; en sus mentes guardan recuerdos de personas que les angustian y entristecen, pero no se atreven a quitarlas de la mente y vivir en libertad.

NUESTRA VIDA ESTÁ LLENA DE RITOS, DE EMOCIONES, DE RECUERDOS Y DE OBJETOS QUE NO NOS SIRVEN. PERO HOY ES TIEMPO DE APRENDER A SOLTAR LO VIEJO PARA VOLVER A SENTIRNOS LIBRES.

Debemos darnos cuenta de que tenemos nuevas alternativas, nuevas opciones. Pero nunca vamos a recoger algo nuevo si tenemos las manos llenas. A veces es tiempo de soltar ciertas cosas, de desprendernos de lo que ya no nos sirve.

¡Despréndete, deja fuera algunas cosas, libérate de algunas personas, elimina esas palabras que te dijeron y te lastimaron, conceptos antiguos, ritos, maneras únicas de hacer las cosas!

¿Sabes qué tienes que dejar? Todas aquellas cosas que te agotan, que te vacían y te destruyen.

No vivas pensando que le debes algo a todo el mundo. Despréndete del síndrome de estar siempre agradecida y en deuda por todo. Debes reconocer cuándo es suficiente, cuándo la deuda ya fue saldada.

37

NO PUEDO OLVIDAR

¿Estás viviendo como lo soñaste? ¿Tienes la familia, la pareja o el trabajo que siempre quisiste? ¿Cuánto se asemeja tu realidad a los sueños de ayer? ¿Tienes proyectos por alcanzar? ¿Qué estás haciendo por ellos?

Querida mujer: cuántas veces dijiste: "Mi vida no es lo que siempre soñé". Muchas veces nos acostumbramos tanto a nuestra rutinaria realidad que nos olvidamos de que tuvimos sueños y metas por alcanzar. Objetivos que cuando los imaginábamos, sentíamos que podíamos tocar el cielo con las manos. Pequeños destellos de felicidad aún no materializada.

Imaginábamos la casa de nuestros sueños con un enorme jardín donde nuestros hijos pudieran jugar, nuestro esposo sirviéndonos el desayuno en la cama, una familia al mejor estilo de "La familia Ingalls": sin discusiones, sin problemas.

Con el paso del tiempo, y con el aumento de las responsabilidades y de las obligaciones, de los problemas y las tristezas, el entusiasmo por esos sueños se fue desvaneciendo. Guardamos nuestros proyectos dentro de un gran baúl de recuerdos que dejamos olvidado en un ropero. Comenzamos a vivir en una realidad de sueños frustrados.

TODOS NACEMOS Y MORIMOS. ESA ES LA LÍNEA DE LA VIDA. PERO HAY ALGO QUE PODEMOS HACER MIENTRAS EL TIEMPO DE NUESTRA EXISTENCIA TRANSCURRE. ES TIEMPO DE RETOMAR EL CONTROL DE TUS SUEÑOS Y HACERLOS REALIDAD. ¡NUNCA ES TARDE PARA VOLVER A SOÑAR!

Tomate un tiempo para pensar tres sueños que todavía no se han cumplido en tu vida. Tres áreas donde tu vida no es aún como soñaste. ¿Por qué crees que tus sueños no se cumplieron?

Por lo general, nuestras respuestas están orientadas a cargar de culpa a los demás: "Mi familia siempre fue muy pobre", "No me dieron oportunidad", "Mi marido tiene la culpa", "Mi papá o mi mamá nunca me ayudaron"; o incluso culparnos a nosotras mismas: "Elegí mal", "Soy una tonta".

Querida mujer: aprendamos a tener una actitud correcta con nosotras mismas. Lo que pasó, pasó. Necesitas dejar de responsabilizar a los demás por tu situación. Desátate de la gente, sé libre.

ES TIEMPO DE MIRAR HACIA ADELANTE. TIENES QUE DESPEGARTE DE LA CULPA QUE TE AUTOIMPUSISTE PARA ASÍ SEGUIR AVANZANDO.

¡Tienes que tratarte bien! ¡Tienes que aprender a quererte!

¡Tienes que aprender a cuidarte! ¡Hay algo más! Casi todas las personas tienen la creencia de que un individuo nace, crece, alcanza la madurez, luego viene una etapa de estancamiento y después muere. El problema es que no hay demasiadas mujeres que se atrevan a desafiar este esquema. ¡Tú sí desafíalo! Tienes que aprender a romper los esquemas mentales que te están limitando.

Cuando una mujer no quiere desafiar los esquemas, llega a cierta etapa de su vida en la que deja de buscar "algo más", deja de caminar entusiasmada y se transforma en "una pieza de museo", un adorno que no sirve para nada: no habla; la miran, pero sigue ahí, tipo estatua o como un cuadro de algún pintor famoso. ¡No seas estatua de ningún pintor famoso!

Dicen que Cristóbal Colón llegó a creer que la Tierra era redonda, y que saliendo de España llegaría a Asia. Empezó a contar su descubrimiento y la gente no le creía, tuvo que soportar la burla, el maltrato, la incredulidad, pero él siguió intentándolo. En 1492 Colón recibió la ayuda necesaria para hacer el viaje; y en agosto zarpó pensando que iba a llegar a China, a Japón y a la India, porque estaba siguiendo el camino adecuado. Pero llegó a las islas del Caribe; o sea que Colón se encontró con "algo más". Con mucho más...

Tal vez el día en que naciste podría compararse a esa partida desde España y decir: "Tengo tantos sueños, voy a llegar a Asia". Ese continente puede ser casarte, tener una empresa, vivir de tu profesión, estudiar en la universidad; puede ser viajar o cualquier otra cosa. Partiste de España y pensaste que ibas a llegar a Asia, pero tu sueño aún no se cumplió, y tal vez a mitad del camino te pasó como a Colón, te encontraste con algo más de lo que esperabas, con algo diferente. Tal vez, a mitad del camino, a través de las dificultades, hayas descubierto que tienes fortaleza, que te sientes fuerte para enfrentar cualquier cosa, porque no te encontraste con Asia pero sí con "algo más".

**¡HAY ALGO MÁS EN EL CAMINO DE LA VIDA!
¿QUÉ HIZO QUE TE DETUVIERAS? ¿QUÉ FUE LO QUE TE PARALIZÓ? ¡VUELVE A LEVANTARTE!
¡NO TE DETENGAS!**

Hay tres principios que debes conocer para alcanzar el éxito en tu vida:

1. ERES UNA CAMPEONA.

Piensa en positivo y confía en que todo lo que quieras... ¡lo vas a lograr!

2. TODO PROBLEMA QUE HAYAS VIVIDO LLEVA LA SEMILLA DE UN BENEFICIO IGUAL O MAYOR QUE EL PROBLEMA.

Todo problema contiene una semilla que puede transformar en positiva esa situación. Tienes que descubrirla. Quizá la situación difícil que viviste te sirvió para hacerte más fuerte, mejor administradora o más valiente.

3. TIENES QUE IDENTIFICARTE CON UNA IMAGEN DE ÉXITO.

Busca personas de éxito que hayan alcanzado lo que tú quieres lograr, mujeres que te sirvan de referencia para alcanzar el éxito.

Se terminó el tiempo de menospreciarte y permitir que los problemas te detengan. Se terminó el tiempo de encajonar los sueños. Es tiempo de recuperar la capacidad de soñar, quitarles el polvo a tus metas y hacerlas realidad.

Estás viva. ¡Estás hecha para más!

Olviden las cosas de antaño; ya no vivan en el pasado. ¡Voy a hacer algo nuevo! Ya está sucediendo, ¿no se dan cuenta? Estoy abriendo un camino en el desierto y ríos en lugares desolados. Isaías 43:18-19

38

SOY ADICTA A LAS COMPRAS

¿Tu economía personal está fuera de control? ¿Gastas más de lo que ganas? ¿Te compraste alguna vez algo que no usaste? ¿Cuánto tiempo pasas comprando lo que te gusta?

¿Crees que los demás tienen la obligación de hacerte feliz?

¿Disfrutas de tu presente? A la mayoría de las mujeres nos gusta hacer compras, pero ¿cuál es el límite entre lo normal y la adicción?

Hay una diferencia muy sutil entre gastar y comprar compulsivamente. A la mayoría de las mujeres nos gusta hacer compras, especialmente cuando se trata de ropa, zapatos o cualquier otro artículo que nos entusiasma. Comprar u otras actividades que proporcionan felicidad no son un problema, pero sí lo son cuando se transforman en una adicción.

La persona adicta tiene tres características:

1. LA FRECUENCIA

Una persona adicta a gastar utiliza cada vez más tiempo para las compras y, en consecuencia, gasta más.

2. LA PÉRDIDA DE CONTROL

La mujer que dedica mucho tiempo de su día a comprar y cada vez gasta más tiene un sentimiento de culpa, de vergüenza y de ansiedad. Esto indica la pérdida de control de sus emociones.

Muchas adquieren este tipo de conductas para evadir los problemas ya que, por lo general, son mujeres estresadas y de esa manera se sienten vivas. Al comprar se sienten poderosas y experimentan una sensación de libertad, lo que las hará comprar más y más para volver a sentirlo.

3. BÚSQUEDA DE PLACER

La mayoría de estas mujeres compra cosas que nunca usará, pero la adicción de adquirir les implica placer sin importar cuál es el objeto. La mujer adicta compra y gasta rutinariamente para congelar sus sentimientos.

La compradora compulsiva comienza su día entusiasmada; pero lo termina triste y deprimida, y no solamente con culpa sino también con vergüenza. Se dice a sí misma: "¿Cómo es que gasté tanto? ¡Gasté aún más de lo que gano!".

Sin embargo, querida amiga, todo tiene solución. Veamos juntas cómo salir de cualquier adicción.

PASOS ESENCIALES PARA VENCER LA ADICCIÓN

- **Tu felicidad depende de ti:** eres la única responsable de tu felicidad. No dependas de las relaciones interpersonales, el otro no tiene que hacerte feliz. Sé una mujer libre de las opiniones y deseos de los demás. No esperes nada de nadie.

- **Aprende a ser feliz:** las mujeres hemos perdido la capacidad de divertirnos, de disfrutar de la vida, y a medida que crecemos nos volvemos más aburridas. Creemos que para disfrutar debemos tener todo arreglado y siempre esperamos el futuro para ser felices.

No esperes que la felicidad llegue a tu vida, puedes crearla. Toda mujer tiene la capacidad de crear su propia felicidad.

¡Te corresponde ser feliz!

- **Disfruta el presente:** muchas mujeres se distancian de su presente mirando su futuro para evitar el daño emocional que están sufriendo. "Mi felicidad vendrá cuando tenga esto o aquello", dicen. La privación de hoy producirá el desborde de mañana.

NO REPRIMAS TUS EMOCIONES, NECESITAS EXPRESARLAS DE MANERA INTELIGENTE.

No existen las emociones negativas. Puede ser que no te agrade sentir miedo, tristeza o enojo, pero eso no significa que esté mal, quiere decir que hay algo dentro de ti que necesita tu atención. Es como el síntoma de una enfermedad, no nos gusta sentir dolor o malestar, pero sirve como indicador para prevenir un desenlace fatal.

- **Logra el equilibrio:** necesitas recuperar el control de tu economía. No ser extremista. El dinero es para disfrutarlo inteligentemente. Tener un equilibrio en tus finanzas te dará la paz que necesitas para disfrutar de tu vida.
- **Ahorra dinero regularmente:** ahorra un porcentaje de lo que ganas (mensual o semanalmente), no importa la cantidad, lo importante es accionar el ahorro. Debes extraer toda emoción, identificarla y agotarla en el momento para sentirte mejor.

¡Renueva tu visión! Si estás ansiosa, angustiada o tapando tus emociones es porque no tienes una visión grande. Vuelve a soñar en grande, no limites tu capacidad a lo que otro podría hacer por ti. Tienes un potencial ilimitado para conquistar todo lo que te propongas.

¡Equilibra tus emociones! Extiéndete, ensánchate y abre tu camino para buscar lo que te hace feliz.

39

HABLO SIN PENSAR

¿Te dijeron que actúas muy emocionalmente?

¿Le gritaste a alguien por algo que no tenía importancia?
¿Tomás decisiones sin pensar demasiado?

¿Explotas fuertemente cuando algo te disgusta y luego te invade la culpa? Si respondiste a estas preguntas en forma afirmativa, esta reflexión es para ti.

Una persona impulsiva es aquella que actúa o reacciona sin pensar demasiado. Las mujeres impulsivas suelen confiar en la primera impresión, y actúan de acuerdo con eso sin cuestionarse nada. Muchas mujeres actúan así por el estrés que acarrean. Son aquellas que tienen problemas para ordenar sus emociones y no pueden detenerse a preguntarse: "¿Qué me está pasando?". Hacen lo primero que les viene a la cabeza sin pensar en las consecuencias, o si hay una opción más conveniente para ellas. Son esclavas de sus impulsos; y si las cosas les salen bien, lo disfrutan, pero cuando algo les sale mal comienzan a repartir culpas, tanto a ellas mismas como a los demás. Se preguntan: "¿Por qué lo dije?", "¿Para qué hablé?", "¿Por qué reaccioné así?", "Tendría que haberlo pensado mejor".

Otra de las razones por las que algunas mujeres son impulsivas es porque tienen ira contenida. La impulsividad está muy ligada a la ira, a la rabia, y frente al enojo podemos hacer dos cosas: dejarlo dentro de nosotros o exteriorizarlo. Cuando una mujer está herida, siempre va a herir a otros y no se da cuenta de que, en realidad, se lastima a sí misma.

La ira es una emoción y no está mal expresarla, pero el problema está en cómo lo hacemos. Si no la exteriorizas puede ser sumamente tóxica para tu vida, y si la expresas fuera de proporciones puedes llegar a maltratar a alguien, ¡nada recomendable!

CÓMO LIBERAR LA IRA

Las mujeres somos especialistas en ocultar cosas, en disimular. El problema de convertirnos en "simuladoras" es que nadie puede hacerlo todo el tiempo. Te voy a contar un secreto: ¡La ira puede ser algo bueno! ¡Tienes derecho a enojarte! La ira bien utilizada soltará un potencial liberador. Una bronca se puede ocultar de muchas formas: hay mujeres que la esconden en adicciones, otras se vuelven hipocondríacas y todo las enferma, son víctimas o victimarias de chantaje emocional, provocan que el otro se enoje para sentirse mejor, se vuelven gastadoras compulsivas, otras no dejan que nadie les enseñe nada y muchas otras se convierten en mártires de su propia bronca porque se enferman al sentirse culpables por toda su ira autodirigida.

Soltar la bronca puede ser muy bueno. Pero ¿cómo sacar lo mejor de esta situación?

- **Soltar la ira con sabiduría da resultados positivos:** si sueltas la bronca en el momento justo, vas a tener buenos resultados. Deja apaciguar un poco ese enojo para no actuar de forma impulsiva. Piensa bien qué es lo que va a salir de tu boca, puedes decir todo lo que quieras, pero sin maltratar ni insultar a nadie. Si ves que al exteriorizar esa bronca no será productivo, conviértelo en otra cosa.
- **Suelta el enojo para que sea una energía creativa:** trabaja la bronca del daño que te hicieron, del dolor que tienes y dale forma para soltarla al mundo como una bendición para aquellos que están necesitándola.

No dejes que la rabia te inutilice o te paralice.

Cuando sueltes tu enojo y lo mezcles con sabiduría vas a poder realizar grandes cosas. La bronca puede ser algo sumamente productivo, puede darte energía para lograr grandes cosas. Solo es necesario que aprendas a enfocarla y a utilizarla con sabiduría.

Más vale ser paciente que valiente; más vale el dominio propio que conquistar ciudades. Proverbios 16:32

40

SOLO PIDO UN MINUTO DE PAZ

¿Hay días, o semanas o meses en que sientes que todo es agobiante y parece que hay demasiados pensamientos, una acumulación de tareas y de tensiones? ¿Se te juntaron un montón de cosas y sentiste que estabas sin fuerzas para poder cumplir con todo eso?

"Tengo tanto por hacer, pero no tengo ganas. No tengo fuerzas, estoy sin ánimo, agotada".

Quiero decirte, querida mujer, que por muy débil que te sientas estás hecha de "energía", pero en lugar de usarla a tu favor la estás usando en tu contra, por eso te faltan fuerzas. Se acerca el final del año y lo primero que decimos es: "Necesito unas vacaciones, ya no puedo más", pareciera que vamos soltando las fuerzas y la energía. Y en lugar de usar la energía a nuestro favor, la usamos en contra; y para poder tener paz debemos aprender a usar esa energía que somos nosotros. Soy energía.

PARA QUE TENGAS PAZ

Quiero compartir contigo tres ítems importantes que te ayudarán a lograr la paz.

- **No me tengo que complicar la vida.** ¡Basta! No te compliques más la vida. Las mujeres somos especialistas en complicárnosla, somos expertas en ello y usamos un sinfín de frases que son permanentes en nuestras vidas. Por ejemplo:

¿Y si me pasa algo malo?

¿Y si me atraganto con un turrón o con una nuez?

¿Y si tengo una enfermedad incurable?

¿Y si mi marido me abandona y se va con otra?

¿Y si no puedo pagar las cuentas?

¿Y si se muere mi pareja?

¿Y si me equivoco de nuevo?

¿Y si me da un infarto?

¿Y si viene más gente a la fiesta y la comida que calculé no alcanza?

¿Y si...?

Ese "y si" te complica la vida y lamentablemente lo tenemos incorporado dentro de nuestra mente, siempre estamos pensando de esta manera. "¿Y si a mis hijos le pasa tal cosa?", "¿Y si a mi pareja le pasa tal otra?", "¿Y si se me cae el techo de la casa cuando llueva?". En lugar de hacernos la vida más sencilla, complicamos todo y no tenemos paz.

- **Tengo que aprender a "desdramatizar":** esto me lo enseñó mi hija Estefanía, la más chica, cada vez que quiero hacer una "obra de teatro". Por ejemplo: "¡Mira el cuarto cómo está...!"; ella me sigue el drama y me dice: "¡Oh, mamá, qué desastre! Te vas a morir. ¡No sé qué vas a hacer ahora!". Y cuando la escucho que me habla así... ¡me empiezo a reír! Eso lo aprendí de ella.

LAS MUJERES TENEMOS QUE APRENDER A "JUGAR" CON NUESTROS AGOBIOS. CUANDO ESTAMOS MAL TENEMOS QUE PONERLE HUMOR A LA VIDA PORQUE ES LA ÚNICA MANERA EN QUE VAMOS A TENER PAZ.

Si dramatizamos todo lo que nos pasa, si de todo hacemos una crisis tremenda, no podremos salir de ella, y un drama nos llevará a otro. Por eso digamos: "Tengo que desdramatizar".

Te voy a mostrar cómo vas a cantar tu agobio. Por ejemplo, si estás mal por algo, llega a tu casa y haz una "comedia musical" de tu vida. Si vas a hacer las cosas, que se note todo lo que haces.

No hagas lo mismo que todas las mujeres hacen para quejarse, no hagas más de lo mismo.

Vamos a cantar nuestra pena, nuestra tristeza, nuestra bronca. ¿Qué te parece este escenario? Llegas a casa del trabajo y la cocina está patas para arriba y nadie ha hecho nada, están los platos del día de ayer, la comida que sacaron de la heladera no la volvieron a guardar, etcétera. ¿Te ha pasado alguna vez? Has llegado a casa con ganas de quitarte los zapatos y la ropa... entonces ponte a cantar, a improvisar. *Llegué a casa y todo estaba patas para arribaaa... el gato se lamió la pizzaaa... ¡qué porquería aaa!... Y ahora estoy cansada y no quiero hacer nadaaa, ¿quién me podrá ayudaaar? Necesito ayudaaa.*

¿Qué sucede si cantas? Seguro te reirás. Y cuando en tu casa te escuchen hacer esto empezarán también a reírse y vendrán a ayudar porque ya no es la queja, sino: "¡Algo le pasó a mamá!", dirán entonces tus hijos.

Si en tu trabajo tu jefe te escucha cantar: "*Los papeles están todos rotooos, no hicieron el trabajo y ahora me tengo que quedar horas extraaas. ¡Estoy cansada de este trabajo, mañana me busco otrooo!*". Vendrá entonces tu jefe y te dirá: "¡Acaso enloqueció!". Pero aquello que hiciste será tan creativo que te preguntarán en qué pueden ayudarte y van a colaborar contigo.

¡Ríete, desdramatiza!

- **Debo tener un espíritu de exceso:** tienes que acumular en tu interior "en exceso" cosas buenas. Debes poner dentro de ti "en exceso" la bendición que hay para tu vida. Cuando tengas dentro de ti "exceso" de bendición, llegará la paz a tu vida.

Tenemos que aprender a desdramatizar. Nos complicamos por pequeñeces y vemos todo de manera trágica. Tenemos que aprender que las cosas tienen el sentido que cada una de nosotras les damos.

Que el Señor de paz les conceda su paz siempre y en todas las circunstancias. El Señor sea con todos ustedes. 2 Tesalonicenses 3:16

Me encantaría seguir en contacto contigo.
Encuéntrame en:
alejandrastamateas.com